宗教信仰復興叢書5

絶対主の覚知と誓約

――イスラームのこころと日本

水谷 周 著

国書刊行会

宗教信仰復興叢書の創刊に当たって

二〇二〇年夏、世界と日本がコロナ騒動で揺れ動く中、一般社団法人日本宗教信仰復興会議は設立された。その大きな背景としては、戦後の日本では宗教信仰が憂慮すべきほどまでに低調になったという事態がある。

戦前の軍国主義への反省の面もあったが、同時に戦後社会は極端な経済偏重の時代になった。現世利益を祈願する新宗教が教勢伸長を誇ったものの社会の敬意を得ることができず、オウム真理教の事件が勃発して、さらに宗教を遠ざけた。その間、人心の動揺と確たる信条や道徳観の喪失が指摘され、すさんだ事件が目立つ自殺多発国となった。他方相次ぐ天災や原発事故は、慰霊・追悼の意味、祭りの力、宗教施設や宗教者の意義に目を開かせることとなった。またそれは命の尊厳に光を当てると共に、人の力と近代科学文明の限界を示し、新たに心の癒しの問題に関心が集まることとなった。

こうした戦後社会の迷走に猛省が促され、宗教信仰の復興を期する状況になっているとも見える。宗教信仰は人間の持つ生来の半面でもある。祈らない人はいないのだ。この半面が素直にもっと育成され涵養される教育と社会のあり方が求められているとも言える。それは人間復興でもある。しかし長年月に渉り疎遠にしてきた影響もあり、この問題はほとんど組織的には正面から取り組まれていないのが実情ではないだろうか。

本法人はこのような危機意識から、関連の動向に分析のメスを入れて確かな把握に努めると共に、信仰の現場で日々諸問題に直面している活動家たちの貴重な観察と思索の声も記録し、叢書として世に問うこととした。

当然法人の活動としては、講演会の開催や特に若手研究者や活動家の支援にも取り組む方針である。しかし本叢書の刊行は、いわばそれら全体の礎石であり支柱として位置づけられる。幸いこの分野における指導的な立場にある理事各位の協力や、彼らを通じて相当幅広い執筆陣の協力を得ることができた。その多くの尽力は叢書全体の編集に当たられた、島薗進理事によるものであり、ここに深甚な謝意を表したい。

最後に本叢書であり当法人の諸活動の源泉となったのは、筆者の甥、水谷亨の遺志であったことを付記する。同人は京都の寺院で育ったが、一念発起して國學院大學で学び、将来は神道に身を捧げるべく修行に努めていた。しかし不慮の交通事故により、若い生命を絶たれることとなった。日本の宗教事情を憂うるという志を受け継ぎつつ、今後とも法人の諸活動がその実を上げて行くことを望まざるを得ない。

二〇二一年年頭

一般社団法人日本宗教信仰復興会議　代表理事　水谷周

はじめに

日本の宗教信仰復興に、イスラームはどうかかわるのであろうか。

本書は第一部において、どのような役割がイスラームに期待できるのかについて考究する。その際、日本の状況の把握の一助として、いくつかの本を選んでイスラームの立ち位置との比較に、随時使用することにしたい。広く読まれている、五木寛『大河の一滴』や石原慎太郎、曽野綾子『死という最後の未来』、あるいは現代日本の宗教人として厳しく自らを持した澤木興道の『禅に生きる』などである。期待される役割としては、諸宗教に競争原理を働かせること、人生観や思考の枠組みを補強することなどがある。それらの前向きな側面の一方では、日本でイスラームを見ていると、後ろ向きな誤解を持ってしまうという負の側面はないのかも検証したい。

第二部では、「イスラームのこころ」を解説する。その中核は、本書の題目の通り、絶対主の覚知と誓約ということに尽きる。イスラームが日本でどのような貢献をするとしても、その真価を正確に把握することが前提である。ところが日本ではイスラームに関して相当の数の出版物はあるが、大半は時事的なものであり、イスラーム信仰の内実に光を直接当てた記述は僅少である。この空白を埋める必要があるのは、論を待たない。

以上が本書の成り立ちである。『宗教信仰復興叢書』の一角を占める形で世に送ることができるのは、大変光栄である。本書が、そして本叢書全体が、日本社会に新たなページを開き、その幸福指数が向上することを強く望むものである。

またそうなることを願いつつ、執筆に当たり常に心したことは、平易に表現するということであったことは特筆しておきたい。イスラームはアラビア語が原語であるが、そこにおいて既に決して難解な言葉使いではないということがある。クルアーンには商業用語もしきりに登場する。さらには、平易な表現によってこそ、より広く人々の心を救い、宗教としての真価を発揮できるとの筆者の信念もある。本書が果たしてそのような効果を発揮しているかどうかはおぼつかないが、読者方々のご賢察を待つこととしたい。

目次

〈宗教信仰復興叢書5〉

絶対主の覚知と誓約

イスラームのこころと日本

第一部　イスラームが日本にもたらすもの

一、宗教の競争原理

（一）少数ながら高い注目度

イスラームは二〇二〇年の当初において、日本では微々たる存在である。公的な統計はないが、推計ではイスラーム教徒の数は全国で約二〇万人と目されている。しかしその大半は、パキスタン、イラン、インドネシア、アラブ諸国といった外国籍の日本居住者である。日本人ムスリムの数は、その内一割で、約二万人とされる。このように数の上では、風前の灯火に近い(1)。

ところが小さい存在ながら、注目されることが少なくない。昨今では、イスラームの規範に沿ったいわゆるハラール食品やハラール・レストランが話題を呼び、大学のキャンパスなどでもハラール・サンドイッチが人気を呼んでいるようである。一年一度の断食の行事が報道され、首相官邸でも断食明けの祝賀の会食が在日イスラーム諸国大使館関係者などを招待して、毎年の恒例行事として開催されてきている。毎年四〇〇万人ほどが世界中から集まるサウジアラビアのマッカ巡礼の模様も、断食同様に通常の報道に登場するシーンを目にする。ただし本年は、新型コロナウイルス感染の怖れから、巡礼地は完全な無人地帯となったが、それも史上ほとんど見ない光景としてその映像が広く流された。

日本でのイスラームは、蟻のように小さな存在だが、その注目度は遥かに大きいと言える。そしてこのギャップは無視できない社会現象と見られる。そしてこれほどの落差が生じている以上、その原因は何かと問わない方がおかしいくらいである。

(二)「心の時代」の反映

その第一の原因は、日本が、あるいは広くは世界が、新たないわゆる心の時代に移りつつあることの反映であると言えそうだ。近代科学偏重から人間の心と魂の時代に移行しているなどといった、文明論的なテーマをここで正面から取り上げるつもりはない。しかし時代の潮流としては、右方向で行き詰まった後は、左方向へ転換するほかないのである。そうすると物質的な価値観と分析手法と実証主義に基礎を置く科学の発達だけに信頼感を置く近代社会の在り方に反省の声がしきりになったら、そうではない方向へ舵を取るのは自然である。

心の時代への舵取りは、時を同じくして生じている、高齢化社会の到来とも歩調を合わせている。人の悩みは、衣食住の日々の必要性から、より高度な生きがいを求め、さらには自らも周囲の人びとも安寧に満ちた形で生涯を閉じる手立てを模索することとなる。また広くは、若人も含めて日々のストレスが高まる一方で、その時々の心の癒しも重要な社会的課題となっている。

こうした心の時代の兆候が背景となって、一つの精神的な源泉としてのイスラームに関心が集まるのである。アラビア語を高齢になってからでも学んで、その目標と言えば、何とクルアーンを原語で完読したい、それが生涯最後の願いだという人もそれなりにおられる。若い大学生で家出をして、橋桁《はしげた》の寝泊まりにも疲れた挙句、都内のイスラーム礼拝所（マスジド）で一宿一飯の恵みに会うことから、イスラーム信仰に入った例もある。その人はさらに都内の一流大学の大学院で、イスラーム学を専攻しているというから、この事例などは、イスラーム的な表現だと「アッラーに導かれた」としか言いようがないであろう。筆者自身が都内で月一度の「信仰と人生を語る会」という勉強会を開催しているが、そこに集まるほとんどの人たちは、若い世代なのである。またその多くは、イスラームに入信するかどうか、その途中で迷っている状態である。つまり心の支えを希求している人たちであると言えよう。中には、家族には秘密にしておいてほしいと断りを入れるケースも少なくないので、複雑な事情が伺われるのである。

こうした従来の治療法では満足行かない、あるいは何か新規な方法やアプローチを求める中で、イスラームへの関心というのが生じていることは間違いない。ここで私事に渉るようで恐縮ではあるが、筆者自身の過去もこのような求道のルートをたどってきたことを記しておきたい。生まれは京都市内の通りの名前になるほどに名刹とされる寺院で、小学三年生の時には得度を受けさせられて、将来は僧籍で頑張ることが期待されていた。しかし少年の心を襲ったのは、身近に感じられる仏教の形骸化と信仰熱の衰えという社会の病魔であった。祭りの廃《すた》れ方や檀家離れなどは、悲しさ以外、何物でもなかった。それと同時に、世界ではいまだに拡大し続けていて、生き生きとしているイスラームに何か探るべきものがあるに違いないと考えるに至った。そのためアラビア語を学習し、中東諸国に行く機会を見つけては、イスラームを学ぼうとしてきた。そこでは日本人救出のため戦火の下をくぐったこともあったし、砂漠の中の小さな礼拝所で一人礼拝を捧げることもあった。そうこうしているうちに、イスラームが急速に心の柱となり、結果としてムスリムになっていたという経過である。

以上簡潔に筆者のケースについて記すことを試みたが、実は周囲のムスリムも様々な経路をたどって今日に至っているという状況である。仏門に入るため得度を考えたが、イスラームに落ち着いたという人で、今は若い世代のリーダー的な人もいる。国内の学術的蓄積の上、現地留学してイスラームに入信した人たちもいる。現在は、このパターンが増えつつある。彼らは今後の日本のイスラーム社会を担ってゆく一群のリーダーである。そして彼らの共通項は、若くして何らかの精神的な苦悩を克服しようとしてきた人たちであるということだ。

他方現在も数の上で一番多いのは、結婚により夫君に合わせてイスラーム入信を果たす日本人女性であろう。この場合、実際は結婚という目前の課題達成のためであるとしても、なお多分に心の問題が同居していることが多い。そういった精神的葛藤を経て、国際結婚に至るのであるし、結婚後も夫君との関係維持のために新たな信仰上の諸問題に直面する場合も少なくない。

以上、日本でイスラームに関心が傾く第一の原因として、社会全体が心の時代に移行しつつあるという点を紹介してみた。まだまだ事例はあるが、要点としては以上で十分であろう。そこで次には、第二の原因に移りたい。それは世界におけるイスラームの躍進という事態である。

(三) 世界の動向と頻発するテロ事件

現在ではイスラームのことを新聞やテレビで見聞きしても、さほど驚く人はいないだろう。しかしそれもせいぜいこの半世紀ほどを振り返ってみると、大変な変貌を遂げていることに気付かざるを得ない。

アラブ・イスラーム諸国のことが日本で大きく取り上げられ始めたのは、誰でも知っている一九七〇年代初頭の石油危機である。同年代終わりの七九年にもまたやってきた。日本列島沈没などという小説が大流行したこともあったほど、その危機感はただ事ではなかった。同時にそれ以来、イスラームはある意味で、一気に時代の寵児となった。日本国内の大学でもアラブ・イスラーム関係の講座が雨後の筍のように開設されて行った。出版物の数も、うなぎ上りで、自薦、他薦の専門家も急増した。

中東ではアラブ・イスラエル間の戦争もあり、イラン・イラク戦争やソ連によるアフガニスタン侵攻、あるいはイラクのクエイト侵攻もあった。湾岸戦争とそれに続く米国の対イラク戦争も世界を驚かせた。とにかく、またまた世界大戦の火薬庫になるのではないかといった騒ぎの連続であった。このような一連の動向を振り返るだけでも、十分頭痛の種になる。筆者はそれらのほとんどと直接、間接に関与してこざるを得なかった。湾岸戦争が勃発した時は、ロンドンに生活していたが、そこは世界の中東ウオッチャーの市場のようなもので、世界の自薦、他薦の専門家が集まって来ていた。あるいは自分もその一人であったのであろう。

このような時事的な激しい動向と同時に、思潮の変化もあった。つまり欧米における心の時代の始まりである。一部に禅が流行したり、ヨガ道場が普及したりするのと平行した時代であった。欧米中心主義批判は、その中からも髣髴《ほうふつ》として湧いてきていた。確かに歴史的には、西欧はイスラームとしのぎを削ってきたが、他方それから学んだものも少なくなかった。事実ルネサンスの興隆は、イスラーム経由のギリシア、ローマ文明の復興と刺激なしではあり得ないことであった。これはすでに周知の事となっている。欧米のキリスト教徒がイスラームに改宗する事例も多数報告され、さらには欧米におけるクルアーンの再解釈といった、イスラームの中核に触れる次元にもその影響は拡大していった。

こうした中、昨今で最も衆目を集めたのは、世界各地でのイスラーム関連のテロ事件であろう。それらが頻発したことや、多数の残忍な事案が想起される。それでイスラームは、恐怖という一言で修飾されるに至った。しかしそうしつつも、内心それだけではないはずだという気持ちが人の心には残らざるを得なかった。そういうところから、世界各地において、いわゆる宗教対話が花開くこととなったのであった。相互の価値を認め合い、互いに手を取り合ってこの難局を乗りきろうという、建設的な発想である。ところがその後も、アジア、アフリカ、ヨーロッパや米国、そして世界中に宗教分断と人種分断の波は、収まる兆候を見せていない。

一方看過されない事実は、世界のイスラーム人口は急増しているということであろう。これも明確な統計はないままに推移している。世界の人口は、二〇一九年現在、七七億人を超えているとされる。そのうち、イスラーム教徒は二〇億人超とされる。世界の宗教別人口は現在キリスト教徒が最大勢力だが、出生率が高いこともあり、二〇七〇年にはイスラーム教徒とキリスト教徒がほぼ同数になり、二一〇〇年になるとイスラーム教徒が最大勢力になるとの予測を、米国調査機関ピュー・リサーチ・センターがまとめた。両者の勢力が伯仲するのは人類史上初めてだそうだ。(2)

以上かいつまんでだが、世界におけるイスラームの動向を一覧してみた。時事的な動き、精神界の流れ、欧米中心主義に対する文明的な反省などなど、複合的な現象としか言いようがない。それをもって、「文明の衝突」あるいは「文明の終焉」といった表現を与えた文筆家たちもいたことは知られる。ただし本章との関係で重要なことは、以上の世界的な動向が日本国内でも少なからず波紋を及ぼしているということである。

直接的なテロ事件の影響はほとんど見られないが、このように激しく動くイスラームをもっと知って、彼らの考えを理解したいという当然の要求が日本でもむくむくと湧き上がっているのである。つまり対岸の火事では済まされない事態であるということになる。それは知的な要求だけではなく、それこそ日本国内でもインドネシアなどのムスリム労働者の導入も必要となり、イスラーム法とは何か、ハラール食品とは何か、ムスリム患者の処置はどうするのか、彼らの子弟の教育は、といったように、課題の幅と深刻さにおいて、昔日とは比較にならない水準に到達しているのである。そしてこの「宗教信仰復興叢書」にも、イスラーム関係の本書を加えようという構想自体も、日本のイスラームに対するまじめな問いかけの一端として位置づけることができる。

（四）宗教の競争意識

今の日本におけるイスラームの状況を形容するならば、「山椒は小粒でもピリリと辛《から》い」という言葉が当たっているだろう。あるいは、「一寸の虫にも五分の魂あり」である。しかしそれだけなら、他にも色々の事例があるかと思う。イスラームに特筆されるのは、その小粒の山椒や小さな虫が、世間から身の丈以上に注目されているということである。

イスラーム関係諸団体などの行事に呼ばれるのであれば、不思議はない。しかし少なくないのは、他宗教からのお呼びである。イスラームの本当のところを教えて欲しいといった要望には、心底から聞こえてくる響きがある。なぜ、どうして、そして何がイスラームの熱気の源泉になっているのかといった、ある意味では素朴な疑問や問いかけがしきりなのである。これは実は、筆者自身の大学時代の問いかけでもあったことは、前述した。様々なお声掛かりは、大学などの研究機関はもとより、他の宗教の実践活動家や諸団体からの声なのである。そういった質問の背景には、言わずもがなであるが、自らの宗教の衰えが背景にあると見られるケースが少なくない。信者数の減少と特に若人の信仰熱の冷め方が、心配種となっているのである。そこでイスラームに耳を傾けてみようとなるのだ。

さなきだに、イスラーム信者の数は日本でも少数ながら増えつつあるということは、忘れられない事実である。つまり小さな集団ではあるが、増えているというところが、この宗教離れの時代において何とも不可思議で、場合によっては驚異的な側面なのである。だから、なぜか、どうして、という疑問につながるのである。それらの疑問に答えるのは、本書の第二部の「イスラームのこころ」に回したいが、簡単に言うと信徒間の共生、協力の精神が生き生きとしており、同胞感に満ちた生活の温かみが底支えになっていると言える。この状況は、日本の神道などが感性と生活感覚から生まれてきているのに比較して、イスラームは教義が濃厚で知的な側面が強いとする解説とは、全く異なっているのである。日本にいながら、本から学んだイスラーム理解だと、イスラームの温かみは十分には伝わらず、その本質は知的な産物だという誤解が生じるのである。

　イスラームの活力の源泉が何かは次章の問題として、ここで課題なのは、日本においてイスラームはどのような貢献をすると予想し、期待できるのかというテーマである。それについてはそろそろ結論は出てきていると思われるが、つまるところ、総じてイスラームが日本社会において新鮮な刺激となって、宗教の競争原理を働かせてくれるだろうということである。他宗教から見て、イスラームの不可思議な活力に見習うところがないかを探るということを言い換えれば、そこには競争原理が働いているということになるのである。

　もちろん競争が相互の活力となり発展に導かれるというのは、通常は経済活動に関して認められる原理である。しかし同様の原理は、宗教にも適用できるということになる[3]。さらには同様な現象が広く思想活動や文化活動にも見られることは、われわれは経験的にも知っている。

今後イスラームは日本において、その活力が競争原理を発揮して、他宗教の信仰復興にも役立てば、中立的に見て、それなりに日本社会に積極的な貢献をすると言えよう。

なお日本のイスラーム自体が他宗教との関係をどう見ているかについても、多少言及しておく方が、バランスが取れているだろう。それはやはり「一寸の虫」の心構えである。小さいこと自体は争わない、そしてまんじりともせずに、何時になるか分からない好機を待つという姿勢である。忍耐は最善の美徳でもあると、教義にある。

日本におけるキリスト教の歴史は、周知のところである。一〇〇〇万人を超えるキリスト教系の学校の卒業生がいるそうだ（幼稚園から大学まで）。ところがそのうち、キリスト教徒になって成長しているのは、約一割しかないそうである。この結果に日本のキリスト教は満足していないし、やはり現在の心配事はその信者数の停滞と信仰熱の低下である。学校ではミサを上げることに反対する親御さんが少なくないとのこと。これは明確に、他山の石としてイスラームは受け止めることとなる。とても一〇〇万人の信者数に到達できそうにはないが、それでも日本のムスリムたちは朴訥として、日々これ好日と過ごしているのである。その「こころ」は、真理とは何かを確認、覚知し、世界のムスリムたちは同胞であるという、共生と友誼の感触を確かめ合っている。あがいても始まらないし、逆に朗報が海のあちらから聞こえてくる感覚である。

二、新しい人生観

イスラームは日本に、多様な新しい人生観をもたらしてくれるだろう。これが第二の貢献である。ここでは日本で注目度の高い人生観の諸側面をいくつか取り上げて、イスラームではどのように説かれているかを提示する。イスラームの教えは一般に簡単明瞭であり、それによると日本では様々に議論されている多くのことが、ほとんど瞬時に氷解することが判明するだろう。それだけに単刀直入な、強いインパクトを与えるのではないかと思われる。

（一）死生観

絶対主アッラーの「有れ」という一言の命令によって、宇宙万物すべてが創造されて、存在するというのが、イスラームの世界観であり、宇宙観である。それ以外の何物でもない。科学によって一部ずつ解明されるとしても、すべての秩序と運行振りを説明できるには至っていないし、それを期待し予想されるとは多くの科学者自身考えていない。一気呵成にすべては生まれた、の一言ですべてが尽くされる。

そしてすべては究極のところ死滅させられる。それが最後の日である。すべてが崩壊した後に、再び復活させられて、主の下の審判にかけられるのである。ただしこの最後の日がいつ来るのかは、誰も知らない。それは主の専権であり、神のみぞ知る。人はただその日に備えて、善行を積むことだけが務めとされる。以上が死生観であり、人生観のすべてである。それで十分であり、それ以外のすべては邪心であり、無益であり、有害でもある。それらは悪魔の仕業として、整理される。

以上のイスラームの人生観を日本のそれと多少比較してみる。鴨長明の方丈記の切り出しの一節は、あまりに有名である。改めて読みなおしてみよう。「行く川の流れは絶えずして、しかももとの水にあらず。よどみに浮ぶうたかたは、かつ消えかつ結びて久しくとどまることなし。世の中にある人と住みかと、またかくの如し。」このように初めもなければ終わりもないという人生観である。あるいは、広く読まれてきた五木寛之は、これを『大河の一滴』[4]と表した。ガンディス河に向かっていれば、そのような気持ちが自然と湧いてくるのであろう。仏教的な縁起の見方であり、生々流転で生まれ変わりの輪廻思想にもなる。このような理解からは人生の儚《はかな》さや、浮世の無力感も導き出されてくる。それは一気に、自殺願望に結びつくかもしれない。

一方、確かにイスラームでも現世の儚さは強調されている。この世は融《と》ける雪で、あの世は輝く真珠である、といった表現もしきりに用いられる。しかしそれは現世に拘《こだわ》ることへの警告であり、輝く来世への尽力を促す脈絡で語られるところが違っている。拘ることが戒められる典型的な事例としてしばしばクルアーンでも挙げられるのは、財宝であり子沢山の、人が自慢したがる二つの事柄である。

こうして日本の流れに身を任せる感覚と、イスラームの明確な存在感や死生観、そして善行蓄積の義務感とは、隔絶してかけ離れていることは確かである。

(二) 生きがい

生きがいが、しきりに取りざたされてきている。日本の宗教諸派は、その設問に正面から十分には答えを与えないで終始しているのであろうか。再び五木寛之の作品『人生の目的』[5]では、「人生の目的は、『自分の人生の目的』をさがすことである。」と、そのあとがきに記されている。そういった面もあるのであろうが、それで読者は納得し満足できるのだろうか。

イスラームでは、生きがいという用語ではなく、人生の目的という言い方で表現される。人生には目的があるのであり、アッラーは無目的に人を創造されたのではないとクルアーンに繰り返される。ではその目的とは何か、それは試練に耐えるという一言である。人は試されるために生れ落ちたのである。悪行しか知らない悪魔と、善行しか知らない天使の間にあって、人間は楽園に行くこともできるし、地獄に落ちるかもしれない存在として創造されたのだ。

それを人間の側から置きなおしてみると、正しい道を歩むか、それを踏み外すかの違いであり、その選択は本人の問題である。だから道を誤ることがないように、幾多の教えが啓示されているという仕組みなのである。この構造や諸関係を理解するのに、何ら苦労はいらないし、単純明快であり、誰でも自らの意思さえ確かめれば済むのである。

一つの善行は何十倍にも計算されるし、他方悪行が加算されて清算されることはない、という。ここにアッラーの慈悲心が現れている。人は間違いを犯すようにできているが、それを悔い改めればすなわち認められて、正道に立ち戻ることもできる。ここにイスラームの人生のリセット力が発揮されて、全体に明快晴朗である。人は原罪を背負っており、その償いが人生であると観念するのとは、真逆であるとも言える。

イスラーム諸国では自殺の件数は非常に少ない。アラブ諸国の新聞紙面を自殺の事案が騒がせることは、現地に数年住んでいてもほとんど見ることはない。一人の人間の命を奪うことは、全人類の命を奪うことと同じだ、というクルアーンの一節で、そもそも人命を奪うことが禁じられている。それはアッラーの創造物だからである。そして自殺も同様に禁じられているから、すべきではないという結論しかないのである。

イスラーム諸国では、鬱になり、ふさぎ込んでいる人もほとんど見受けることがない。社会欄で問題になることも、事例を知らない。精神的な病という意味では不可避な面はあるのであろうが、社会全体の気運やネットワークがそういった事態を回避させている面が多分にあるのであろう。

節約と蓄財に努めて、その挙句は本来の所有者であるアッラーにお返しする喜捨という意味で、マスジド（礼拝所）建立が各地で推進された。狭いカイロ市には約一五、〇〇〇のマスジドがひしめき合っている。それらマスジドの林立する光塔を見るだけでも、そこに注ぎ込まれた幾世紀に渉る篤信の情熱を感じざるを得ない。その功徳は永続するものとされる。同様に功徳が永続する喜捨として挙げられるのは、知識の源泉としての書物の執筆と次世代育成のための子弟の養育である。これらは何世代にわたる時間、あるいは世界のいずこであれ場所を問わず、共通の具体的な課題であり、明瞭にして明確な生きがいなのである。

㈢　安寧

生老病死という四大苦を乗り越えて、煩悩を超越し解脱して、すべてをあるがままに受け入れることができる涅槃という心境が、仏教で説かれる。それは悟りの境地とも言われる。

イスラームでもほぼ同様な心境が語られて、それは安寧と称される。安寧は、山あり谷ありの人生を達観し、不動の心構えが備わることである。安寧の心は、よほど快適と思われるが、それが楽園での全員の心境だそうだ。現世でも安寧は訪れるが、それはどこまで行っても一時的なもの。それに比べて、来世の安寧は永久に持続するところが異なっている。この永続する安寧のことは、「至福」と表現されて、クルアーンでもただの一回だけ登場する用語である。至福は究極の幸福とも位置付けられる。

この安寧の気持ちをクルアーンでは、水の流れる川を下に見る立派な館に住んで、美食、美人、豪華な家具や衣服といった快適な生活として具象的な表現で示そうとしている。同時に、それは現世でも経験することのある心境として、歴史上困難を乗り越えさせて頂いた折り折りには、そのような安寧がアッラーから降ろされたと説明されている。

例えば預言者が多神教徒に追われて洞窟に逃げ込んだ時、そのような心境が降ろされたとか、軍事衝突で圧倒的に不利な状況であったが、安寧が降ろされ形勢が逆転して、有利な戦況が訪れたといった事例が言及されている。

この安寧は何年も座禅を組んで瞑想に耽った結果訪れるという、稀有なものでないことは確かである。また特殊な人に限られているわけでもない。結局それは積み上げられた善行の裏面であり、誰しもが目標として定められるものである。安寧は絶対主に全身全霊打ち込み、それで得られる安定感といったものとも言えそうだ。毎日の礼拝における心境も、安寧の具体的な場面である。安寧の日常性と悟りの非日常性の違いとも言えるだろう。

なお不動の精神である安寧は、不安感を払拭した状態である安心とは区別されている。日本語では文字が似ているので混同してしまいそうだが、アラビア語ではそれらは全く別の語源であり、発音上も明らかに別物であるので、混同される怖れはない。

(四) 看取り

昨今日本では、看取りがしきりに話題を呼ぶテーマになっている。一つの学問分野としても扱われているようだ。これは遺族の側と去り行く人の側の、双方の共同作業でもあるだろう。しきりに話題になるということは、それだけ定まった方式についての了解がまだ確立されていないことも示唆している。音楽を利用したり、詩歌を吟じたり、あらゆる手法が有効である限り是認されるのだろう。古くは阿弥陀仏の掛け軸や像に紐を結んで、その紐の一端を息を引き取る前から握り締めるということが行われたこともあった。そうして西方浄土を願ったのであったから、これこそは当時の看取り方法であったと言える。

一方イスラームでは、看取りという用語さえ見当たらない。それは一般的な、介護の一部として捉えることも可能だろうが、そのような位置づけがされているわけでもない。要するに看取りを検討する余地もなければ、その必要性も語られていないということである。その理由はこれも簡単明瞭で、アッラーに帰されるのが人間の死の意味であるから、看取る方も看取られる方も、それ以上に色々思案する必要がないということである。具体的に言えば、双方が声を合わせてクルアーンを読誦すれば、それだけで何も過不足ないという状態である。

実際筆者も日本で看取りの議論やその様子などを見ると、これは大変なことだと同情してしまう。拠り所のなさ、あるいは不明確さがそうさせていると思わざるを得ないのである。昔は日本でも死の枕にある人が、南無阿弥陀仏を繰り返し口にすることがあったのとほぼ同様に、アッラーを唱え、クルアーンの読誦をする。そうしていれば、万全の保険に入っているようなものだと、観念するのである。それは安寧と安心を同時に享受することができる状態である。

石原慎太郎と曽野綾子共著の『死という最後の未来』[6]を読んで面白かったことの一つは、両者の宗教信仰に対する立場が、白と黒にくっきり分かれていることである。前者は、「僕は執着が強くてだめだな。全く多情多恨の人生というか、悔いもまだまだ山のようにある。」と言う。後者は、「(死をも含めた秩序は)神の領域であって、考えないようにしています。それが人間の分というか、分相応ということだと、私、わからないことは、わからない。分相応でいいと思っています。」と言う。両名の看取りのシーンはどうなるのであろうか。後者はその準備が整っているので、「分相応」で済まされそうだ。なお人の看取りのシーンを語るのは縁起が悪いといった捉え方は、イスラームではないので、断わっておきたい。それは誰にも必定の事柄であり、その意味で平等に扱われるものであり、好き嫌いの問題ではないのである。

(五) 共同体意識

日本で郷愁を呼ぶことの一つは、村や町のみんなで祝った祭りごとであろう。もちろん今も盛んなところも少なくないし、観光産業のためにも復活されるものもある。ただし誰しもわかっていることは、昔の祭りは日常生活の延長で、隣近所の人びとの町内行事だったということだ。そのためだけに集まり、久しぶりに顔を合わせるという現代のパターンではなかったのだ。

これら二つのパターンの大きな差は、伝統的には祭りは共同社会の行事であったが、現代の主流はそうではないということである。現代の祭りは、大規模な音楽コンサートやスポーツ・イベントと参加者の意識も開催の効果もあまり変わりないものになった。だからこそ昔日の祭りに、郷愁の情が湧くのである。

失われた共同の社会の価値は再び見直されているといえるのではないだろうか。最近、世の中を騒がせているのは、新型コロナウイルス感染対策であり、台風、洪水、地震や津波といった自然災害への対策、さらには上昇志向に染まった近代社会とそぐわない若人たちの行きどころのなさの問題などである。組織化社会はどこでもその組織に漏れる一群の人びとを同時に生み出すこととなるが、組織を構築してそれを維持運営するということは、一方でそれで救われない人たちへの手立ても準備しないと問題が生じること必定である。それは片手落ちといった精神論よりは、その社会の歪みであり、不満と不安定の源泉となるからだ。

現代のボランティア活動はこのような社会の穴を埋めるために、貴重な役割を果たしているといわなければならない。しかしここで改めて称賛するだけではなく、それよりも一歩突っ込んで考える機会としたい。要点はその活動のスピリットである。博愛主義的な人もいれば、人道主義的な人たちもおられるだろうし、奉仕活動はそれらを糾合しつつ展開されている。しかしそこであまり見られないと思われるのは、共同社会の動機である。

それは何か、改めて考え直さないと実像が浮かばないほどに、われわれはその実態からは遠ざかってしまった時代に生きているということになる。簡単に言うと、昔の村であり、都市の町内会的な組織をベースとして、遥かに毎日の生活を基礎に置いた社会であり、それを土台とした協力関係である。それは音楽コンサートで享受する楽しさとは別種の喜びがある。生活がベースなのだから、それは共に生きているということ自体への喜びである。安堵感であり、同胞感である。

イスラームでは、この同胞感が非常に前面に出されることに注目したい。主要な宗教行事はすべて、近隣社会との付き合いの中で実施されるといえよう。喜捨、断食、礼拝、そして巡礼も仲間とのグループ・ツアーである。初対面の人であってもひとたびムスリムであることが分かれば、その人は、私の兄弟であり姉妹なのである。実際、相手のことは「私の兄弟」と呼び合うこととなる。手紙を書くときも、親愛なる私の兄弟、と冒頭に記す。

筆者の住む横浜には、全国的にも有名な中華街がある。独特の雰囲気と人間臭さが感じられるところとして、人気を集めている。それに類似した感覚が、イスラームの町々には息づいているところが多い。日本にはまだムスリム・タウンというものがないので、ここで文章を読まれている読者方々には、遺憾ながら伝わりにくい面があるのは、何とももどかしい限りだ。しかし筆者が色々書いている行間を読破して、イスラームのもたらす共同社会の感覚を会得していただきたいものである。

そしてこの共同体意識こそは、新たな日本にもっと正面から注入してよい要素であると考えられるのだ。またそれはしきりに呼び掛けられる、地方再生にも直結している課題であり、その基礎となる重要な側面である。日本にいるムスリムは、日本に新たな社会意識を植え付ける礎石となるとの意識もそれなりにある。規模がまだ小さいので、あまり評判になることもないが、いずれその花が咲くことも期待される。

三、思考の枠組み

思考や発想方法の分野でイスラームが日本社会に果たす役割として、喫緊の必要性があるものや、あるいはその効果は限定的かも知れず抽象的なレベルに留まるかも知れないものもある。以下にいくつかの事例を枚挙したい。

(一) 国際的視野

イスラーム協力機構という国際組織が政府レベルで結成されている。イスラーム諸国の政治的協力や連帯を強化すること、そしてイスラーム諸国に対する抑圧に反対し、解放運動を支援することを目的とする。その加盟国はムスリムが国民の多数を占める中東、アジア、アフリカなど、五七ケ国などからなり、世界のムスリムの大部分を代表している。またイスラーム世界連盟という民間団体が、サウジアラビアのマッカに本部を置いて、世界のムスリム諸団体の連携を図っている。イスラームの原点に当たる場所に本拠地を置いて、宗務はもとより災害対策など多様な人道的活動も展開している。またしきりにタイムリーな国際会議を開いて、世界のイスラームを巡る世論の指導にもあたろうと努めてきている。特にテロ事件が多発した頃には、それらはイスラームの拒否するものであるとのメッセージを世界に送り続けた。

以上の大規模な組織に限らず、世界には実に多様なムスリム関係諸団体が、分野別、あるいは地域別に構築されてきている。アカデミックなものもあれば、実践活動を主にしているものもある。いずれであれそれらの多くは、互いにネットで連携されているので、イスラーム・ネットワークは地球上のどのような小さなところも漏らさずに、覆っているといった様相である。

以上の描写をする理由は、日本もそのようなネットワークに組み込まれてきたということを言うためである。ほとんどの日本人には無縁に近い世界が、実はネット経由で身近に開かれているということになる。このことは裏から見れば、それだけ日本社会も国際的な視野を獲得する機会が増えているということになる。イスラームを通じる、ある種の開眼である。

もちろんネットとは言っても、少なくとも英語は必要であり、さらにはアラビア語の情報サービスの世界に分け入ってほしいものである。情報量がまるで違うのだ。また英語に翻訳されることで省略され、あるいは不可避的に内容もバイアスがかかっているケースがしばしばであるが、アラビア語に直接アクセスすれば、いわば生々しい直撃を受けることができる。砂漠の小さな事件なども、日本国内の交通事故と同様な迫力をもって身に迫ってくると、明らかにそれは見る人、聞く人の耳目を打ち開いてくれる。時事的なものに限らず、各種研究論文、討論、インタビュー、記録映画などなど、アラビア語族はしゃべることが得意で、好きなのである。

日本は島国として、文化、文明的に取り残される現象は、今もって変わらない。「井戸の中の蛙」になりがちなのだ。デジタル化の遅れは、新型コロナウイルスの騒ぎでテレワークが必要となってから、ようやく自覚され始めたことは誰しも知っている。日本は進んでいるといった、甘い誤算はこれからも拭い去ることはできない運命である。イスラーム諸国民との連係や協力は日本の国民的視野を拡大して、このようなガラパゴス現象を回避させてくれる一助ともなるのだ。

（二）繰り返し論法

クルアーンの研究が、イスラーム文化の重要な一面を明らかにしてくれた。それは、繰り返し論法と同心円構造と称されるものである。

クルアーンは通常の書物のように順序を追った展開ではなく、一見アトランダムな叙述になっている。だから個々がバラバラで、体系がないものと思われてきた（「アトミズム、原子論」）。ところが各章や節のテーマの関連性を検討すると、クルアーンは実に巧みに構成されているという、以下のような姿が浮かび上がってきたのである。

①同一テーマを繰り返し、それは多分に対称的に配置される。例えば、起承転結とあるとすれば、起と結が同一のテーマAで、承と転が同一のテーマBを扱う（ABBAのパターン）。場合によっては、ABABのパターンもありうる。

②起承転結を、一点を巡る円周に置きなおすと、それは円構造となる。

③さらにそれを重ねれば、章の長短により円周の大小があるので、同心円構造が浮かび上がってくる。

これがクルアーンの基本的な論法であり体系である。それには繰り返しつつも微妙に変化させ、寄せては戻す波のような反復効果が期待される。(7)

クルアーンは一四世紀にわたって読誦されてきた。そして同一テーマの繰り返しや前後の対称性は、部分的には初期より指摘されてきた。しかし伝統的には、主要な関心は単語の意義や修辞法など、局部的な側面に注がれてきた。他方、章ごとのテーマに主要な関心を払うことで、全体構造として二〇世紀に入って新たな認識に至ったということになる。それが同心円の形状として明確化されたのは、二一世紀に入ってからという状況なのである。これは真に驚くべき進展と言わねばならない。

話の鮮やかな変化ではなく、繰り返される中から出てくる微妙な変化や、グラデーションを楽しむ文化である。そのことはどこか日本の演歌に似たような、アラブ音楽のメロディーの特徴としても想起されるので、納得する読者は少なくないと思われる。(8) また政治家の演説にどうしても数時間はかかる事情も、内容的には繰り返し部分の多いことと関係していることも想起される。それは平均的日本人にとっては、悠長で冗長としか聞こえないかもしれないが、それを歓喜と興奮の渦で迎えるのが、ムスリムたちであるということになる。

こういった状況は、明らかに正反合の三段論法を旨とする進歩主義の近代欧米社会ではない。この異質な文化社会への理解と共感が、非欧米社会を知るために必要であるとすれば、それはイスラームの教えてくれるものでもあるのだ。

(三) 縁起より因果関係

縁起は、すべての存在は無数無量といってよい程の因縁によって在り得ているという、仏教の基本認識である。それに対して、明確な原因と結果の関係を確定して、物事を整理し理解しようとする立場もある。この因果関係に立脚する立場と、縁起を重視するそれとは、自ずと対比されることとなる。

古来日本は縁起を重視して、人生は流れる川の水の如しと、表現された。神道の教えも、自然な現象の一端として人間界を見るのであるから、堅固な因果関係の構築に力を入れることはない。しかし日本でも、全面的に因果関係を看過し無視するという訳でないことも確かである。かなり相対的なものであり、人により、所により、それらの濃淡は異なっているというのが実際であろう。ただ欧米と比較すると、日本は縁起志向が強いということは、言えるのではないだろうか。

イスラームは明らかに、因果関係の世界である。悠久の過去から未来へと、時間に縛られずに存在する絶対主であるアッラーが、世界と宇宙全体を創造され統括されていることを認める。アッラーこそが、第一原因なのである。そしてそこからすべての存在であり、因果関係がスタートすることとなったと理解するのである。言い換えれば、そのような第一原因を設定しないと気が済まない、といった気性なのである。

因果関係に立脚した見地や視野からは、従来の日本には見られなかった現状認識や対応策が見出される可能性はかなりある。それはまず、受身ではなく、より能動的な姿勢や発想を招来するだろう。テレワークの必要性に迫られなくても、デジタル技術こそは先端を切り開くと知れば、直ちに着手するし、所要の変容を自らに課すのは、当然となる。能動的で、それだけ行動的になると、多くの場合に見られてきた「沈黙は金なり」や「触らぬ神にたたりなし」といった、手をこまねく姿勢は影をひそめることとなるだろう。

さらにはしばしば指摘されるが、協調性重視か個性重視かのバランスにも影響があるかも知れない。前者の協調性重視は、「和《やわらぎ》を以て貴しと為し、忤《さか》ふること無きを宗とせよ」との聖徳太子の一七条憲法第一条に謳われて以来、金科玉条のように継承されてきた。それがようやく、平成二九年の教育関連諸法と学校指導要領の改正により、「主体的・対話的で深い学びの実現に向けた授業改善の推進」が前面に出されるに至った。

(四) 情緒性より論理性

よく言われることとして、日本固有の思考パターンは、感性を基礎として曖昧さをいとわない情緒的なものであるということだ。源氏物語の連綿と続く話は、何かの構造や特定の論旨が一貫しているとは言えないものだ。あえて言えば、それを支配しているのは、流れる情緒だということになるのだろう。そう言いつつ、情緒しかないというわけではない。これも相対的なものだからである。ただし逆に、日本人は論理性の勝った、抽象的な思考様式が得意でないことも確かであろう。(9)

それではイスラームは、情緒性を排した論理性豊かなものなのであろうか。それも全面的にはそうは言えない。感情移入のない産物に、人が感動し、心の底から動かされることは稀であるし、まして十幾世紀に渉りそれに対して、大衆レベルからの篤い支持、支援が継続されることは考えられない。事実、エジプトのイスラーム歴史家であり思想家であったアフマド・アミーン（一九五四年没）の自伝を少し見ても明らかである。そこには彼が幼い頃から、アッラーが奇跡を行って見せてくれた夢を見たことや、アッラーの光で自分の部屋が満たされた夢を見て感動した時の様を描写している。[10]あるいはやはりエジプトの作家であったフサイン・ハイカル（一九五六年没）の巡礼記を見ると、旧所名跡であるカアバ殿を訪れた様子や、「アッラー、天覧の日」とされる野外での半日の礼拝に参加できた時の感動振りは、その名筆によって縦横に描かれた。[11]同著によってエジプトでは、欧米傾斜の風潮からイスラーム回帰現象が始まったほどだと評されていた。

他方、イスラームは論理重視として捉えられることが少なくない。それは多分にイスラームの外の世界における、研究者の言うことである。しかし日本の思考様式との対比で見た場合には、やはり論理性が感じられるというのは当たっている。イスラームでは論理的な文法学や辞書編纂、そして膨大な法学が、七〜八世紀のイスラーム初期より非常に発達させられた。それは神の言葉を探求する高邁な営みでもあった。他方、日本語辞書は、一七世紀、ポルトガル人の手による日葡辞書がその事始めであるのとは、比較にならない。

情緒的であることは、曖昧表現を互いに大いに許すのみならず、その曖昧さを楽しむようにもなっていると見られる。曖昧さが人間関係の潤滑油となっているのである。あるいは、日本人同士はそうであると考えることが多い。本当にそうかどうかは、しっかりと国語学者が検証してくれるのを待つにしても、国民感情に反するせいか、あまりそういったことにはメスを入れたがらないようでもある。例えばコロナウイルス対策の一環で自粛が求められた際に、感染病学者たちは八割の外出自粛を悲壮な表情で訴えているのに対して、政治レベルの発表では「七割から八割」と値引くような事例である。相手はウイルスであるという科学の課題に向かって手心を加えているのには、少なからず煮え切らない姿勢として多くの人が苛立ちを覚えた。あるいは、「……させて頂きます」という表現が好まれるようになった。相手の了承を求める必要もない脈絡での使用は、言い逃れや責任転嫁としか聞こえない。しかしそれも頻発すると、それが謙譲用語として聞こえてくるから不思議である。でもそれは、日本語の破壊に過ぎない。

ちょっとした言い回しから重要事項の判断まで、これからの日本では論理の勝った言動が身を救う場合が少なくないだろう。ずるずると周りに押されて開戦に異論を唱えなかったことへの反省が、有識者の間で敗戦直後はよく聞かれた。しかしそれも昨今はほとんど聞かれなくなってしまった。

四、注意点

日本でイスラームを見ていると、思わぬ誤解を生じさせるといった負の側面はないのであろうか。そういう可能性のあるいくつかの注意点も考慮しておかなければいけない。それらは多分に社会関係の側面である。

(一)聖職者のいないこと

イスラームには聖職者層がない。それはイスラームでは修道院といった専門性を持った活動を設けると、得てしてそれは過激な様相を呈するので、それを戒めようとの預言者ムハンマドの意向であったそうだ。いずれにしても、クルアーンに出てくるのは、信者が宗教に専従する人たちとなるように勧める言葉であった(クルアーン三:七九、五:四四、六三)。それは、一心不乱に帰依する学識ある人たちという意味で、俗界からは離れて、もっぱら宗務にいそしむ僧侶や司教などが念頭にあったのではなかった。

そこでイスラームにはいわゆる聖職者は存在しない。そのことのもう一つの意味合いは、絶対主と人である信者の間に介在する人間はいないということである。主から見て格別に近い存在もなければ、神聖味を帯びた人間もいないということである。これは主に同列の者を配しないという観点から、一神教の真髄に触れる問題として最重要である。

この指針からはみ出たのが、シーア派とその一群の分派である。彼らにとっては、特定の指導者であるイマームは、信者救済に際して神聖さを帯びているのであって、文字通り主との仲介役なのである。そこに主と並置する（シルク）恐れへの懸念はひとかけらも見いだしていないのである。

シーア派でないイスラームの宗派では聖職者はいないし、そのような存在はそもそもアッラーが正面から拒否されており、教義の真髄に悖《もと》ると考えるのである。本書では大宗を占めるスンナ派の立場から論じているのだが、日本でも多くはスンナ派に属しているので、不都合はない。そこで検討の対象は、専門家のいないスンナ派ということになる。

神聖味を帯びた聖職者がいないということは、出家した人はいないで全員がいわば在家であるということになる。全員が自分は、あるいは特定の人が別格だという意識もないし、いつも別格として人に見られているという警戒心もない。マスジドの指導者（イマーム）にそのような警戒心が全くないか、または、あるとすれば、それは個人の問題ということになる。人によっては外見を気にするし、人目が気になる場合もあれば、そうでないこともあるという程度である。

そこで一般信者からしてみると、常に見上げるべき模範があまり見つからないという問題が生じているのである。指導者であり、模範者のモデルが身近にいてくれた方が、話が分かりやすいということになる。そこで大半の場合、預言者ムハンマド自身が、あらゆる意味で模範として尊敬され、敬愛されることとなってきた。一方、イスラーム諸国であれば、イスラーム学の学者たちが指南役となり、相当程度模範的な指導者の役割を果たしている面が多い。しかしいつもそううまく行くとは限らない。

模範者が近くにいないとなると、信者は預言者の膨大な言行録などを通じて彼の事績を尋ねるか、あるいはネット利用でお気に入りのイマームや学者などに質問をするといった方法しかない。そして実際のところそうしているのである。

しかしここで特に記しておきたいことは、ムスリムでない日本人にとっても、やはり注意すべき点があるということである。つまり周囲にムスリムがいるとしても、そのムスリムは完全に有資格のレベルとは限らないということである。その言動を見て、それで直ちにイスラームの好き嫌いや是非善悪を判断しないようにしなければならない。ほとんどの信者は、筆者の知る限り誠実に善きムスリムであろうと努めているし、さらには全員に布教への熱意さえあるが、他方ほぼ全員が学習中の未完成形であるということも忘れられない。

この点日本人の僧侶には、あらゆる意味で模範になる事例が、過去にも現在も存在するので恵まれている。当然神道にも多数おられるであろう。澤木興道という禅僧がいたが、今はあまり名前を知る人もいないかもしれない。筆者が若かった頃は、その徹底した修行と禅僧振りに高評を博したものであった。その著書も広く読まれた。(12) もちろん他にも、当時は山田無文という名前や、現代ではNHKの「こころの時間」に登場する山川宗玄といった名前がしきりに聞こえてくる。

望まれるのは仏教招来の初期にあったように、鑑真和尚のような高僧を日本に招くことである。イスラーム諸国から筋金入りのイスラーム指導者たちが日本を訪れることはある。しかしいずれも短期間の訪問に過ぎなかった。都内の真ん中にイスラーム大学を開設し、戒律を正し、奈良の大仏殿のような立派なイスラーム施設を建立してその威容を明らかにし、またその活力を縦横に日本社会に示すこととなれば、日本では誰でもその世界的な力量とあるべき姿に接することができることだろう。

（二）戦闘的か

次に注意したい点は、イスラームは戦闘的であるとの見方が流布されてきたということである。その大きな契機となったのは、言うまでもなく世界的なテロ活動の広がりであった。その多くは中東を舞台として、精神的な支柱をイスラームに求めていたので、イスラームと暴力行為を直結する発想が自然と抱かれることとなった。

いま少し、この過去の推移を振り返っておくことは、事態の深刻さを今一度かみしめるのに役立つだろう。中東の世界史的な怨恨は、第一次世界大戦の途中に、アラブとユダヤ両当事者に対して、同時にパレスチナの土地に国家建設を約束するという英国の矛盾する外交方針が表明されたことにあった。それらの約束はそれほど明示的でなかったとはいえ、当事者に落胆と憤りの種を撒いたことは明らかであった。その後も、英仏両国による中東分断と搾取の植民地主義も、ただこの怨恨を増幅させただけであった。第二世界大戦後、多くの中東諸国は独立を達成したが、直ちに東西冷戦の構造にはめ込まれた。そして石油という一大資源を抱えたこともあり、米ソ両陣営共に中東諸国の保守勢力温存が基本方針となった。その唯一の例外は、イスラエルの拡張であり、それを米国が支援したので、かつての英仏に対する怨恨は米国に向けられることとなった。

こうして、二〇〇一年九月一一日のNY世界貿易センター・ビルなどに対する同時多発テロ事件へと発展してしまった。そしてこの大事件は、「文明の衝突」とまで形容される深刻さと幅の広さを示すこととなった。それ以来、イスラームを標榜するテロ事件は、ヨーロッパからインド、バングラデシュなどのアジア各地にも拡散して、日本国内の事案も懸念されていた。その中で、二〇一四年六月、大規模テロ集団である「イスラーム国」がイラク、シリア北部を中心に、「国家」樹立を宣言した。

イスラームを標榜しつつ暴力行為の直接行動に訴えるパターンの一方では、「アラブの春」と呼ばれた一連の、アラブ・イスラーム諸国民主化運動も進展した。だがその民主化が着実な軌道に乗るケースはむしろまれであり、多くはさらなる混乱と国内不安となるか、または独裁体制の復古に終始している。

イスラーム世界連盟事務総長のユダヤ人収容所跡（ドイツ）での礼拝

以上に見た展開を通じて、イスラーム諸国はしきりに国際会議を開き、また宗教関連の国際組織を結成して、宗教対話を通じてイスラームに降りかかった火の粉を振り払う努力をしてきた。イスラームのテロリストたちは、イスラームを曲解しているのであり、それは本来のムスリムの姿ではないという説明である。ここに非常に印象的なシーンがあるので、写真を一枚掲載する。それは、二〇二〇年一月、イスラーム世界連盟のイーサー事務総長が、ドイツのユダヤ人収容所解放七五周年記念行事に参加した際に、かつてのユダヤ人収容所において金曜日の集団礼拝をおこなった場面である。そして民族と宗教間の和解と世界平和を訴えたのであった。

こうしてイスラームに対する極端な誤解は修正されつつある。同時にイスラームは本来テロ支援をする団体ではないはずだろうという自然な疑問と、イスラームの真の姿を探訪したいとの願望は、日本の市民レベルでもしきりに抱かれてきた。これは軽視できないほどの、熱意に支えられていたと筆者はみている。多くの学校における社会科教育にも取り上げられ、講演依頼やイスラーム施設への生徒の見学も相次いできた。

(三) 男尊女卑か

男尊女卑をイスラームは肯定しているとする批判が続いている。イスラーム以前のアラビア半島においては、それは明らかであった。あらゆる意味で男性社会であった。しかしそうなのは、同半島だけではなく、多くのアジア地域でも同様であったことは、誰しも知っている。日本でも女性の社会参画が大きな課題となったのは、数年前であり、それにもかかわらず一向に目覚ましい変化や改革は実現されていない。日本は恐らくアジア諸国の中でも、遅れている。だからイスラームに対してどれほどの批判をする資格があるかは疑問がある。

しかしそれとは別に、イスラームにおける同問題はどのような状況にあると言えるのだろうか。イスラームの護教的な立場からは、イスラームはそれ以前の悪弊を大いに改善したのだと主張する。一夫多妻制も以前は無制限であったのを、四人に制限を加えたところが、イスラームの改革であった。あるいは、妻は相続権がなかったが、イスラームはそれを認める相続制を導入した。離婚は男性のしたい放題だったのを、一定の規範を設けて離婚できる場合を制限し、また離婚された女性も一定の条件の下では再婚できることとした、などなど、諸例が枚挙されるのが普通であった。

これらの歴史上の改革の実績は、否定しようもない。批判が現在あるのは、それでも欧米流の男女平等や女性の権利擁護とは比較にならない、さらには同性婚の承認と制度化の必要性などが指摘されているのである。こうしたいわば先端的女性問題は、イスラームにとってはいまだ寝耳に水である。しかしそれも相当時間の問題の面もあり、女性の社会進出に関しては、議員の数や国際機構への女性職員の進出、あるいは最近評判となったのは、サウジアラビアでも女性に運転免許が与えられたことなどがある。企業ベースの女性社員採用などには、遥かに日本で知られているよりも目覚ましい進展もある。決してイスラーム諸国は、男女平等の呼び掛けに馬耳東風ではなく、それなりの進展があることは明記されてしかるべきだろう。

そこで本問題を巡る一つの象徴的な争点である、頭からかぶるヒジャーブ（頭巾）の是非を巡る論争に言及しておこう。以下は、サウジアラビアの広報雑誌に見る、その擁護論である。

「女性がその使命を生活と社会の様々な知的実際的な分野で果たすに当たり、その尊厳と節度を順守して一番うまくできるようにするため。」

「女性を見る男性の節度と抑制を助けること。そして男性と同様、文化的知的享受を人としてできるようにするため。女性は本能を掻き立てるものではなく、遊びや快楽の道具ではないこと。」

「歴史上の多くの女性——処女マルヤムの肖像など——の絵画では、いつも頭巾を付けている。それはムスリマのヒジャーブと瓜二つである。[13]」

欧米での批判が十分に念頭にあることは明らかである。しかし同時に明らかなのは、欧米の批判は歴史的には当たっていない面もあり、また現代の欧米でも男女関係を見ると好ましくない事件が多発している以上、それの予防策としてサウジアラビアは必要性を認めているということである。日本でもかつては女性は頭巾をかぶっていたし、今でも性暴行の事例が横行している悪例には事欠かないのである。

(四) 伝統墨守か

イスラームは古色に満ちており、進取の気性に欠けているという印象を持つ人がいるかもしれない。それは例えば、湾岸諸国の着用する服装にも一因があるだろう。そこでそれに関して、少々振り返ってみよう。

イスラームの服装というのは、決まったものがないということを確認しておこう。確かにイマームなどは、通常見る黒や茶色の外套とその下に着ている白色の貫頭衣が普通のスタイルである。しかしそれはイスラームの決まりがあるのではなく、慣行でしかない。王族はその外套に金糸の刺繍の装飾を入れているが、それはイスラームの仕方というわけではないし、事実町の商店でも購入できるし、筆者も持っている。カイロのイスラームの本山と目されてきたアズハル学院では、卒業生は頭にかぶる赤い色のトルコ帽に白い色の帯を巻くことが許された。それが伝統的な名誉の印であった。でもそれはアズハル・スタイルということで、イスラーム方式とは言えない。

外套と貫頭衣というスタイルは、イスラームのものではなく、アラブの服装なのである。それはかれらの民族衣装であり、誇りの象徴のようなものと言える。だから、昔の日本の、羽織と袴の組み合わせに相当する。

古色に満ちているとの印象を持たれるかもしれないもう一つの事例は、その政治体制であろう。王制であり、あるいは軍事独裁制である。大半のイスラーム諸国は日本から見ると時代遅れの体制になっているということだ。どの国であれ政治制度は一番機微な問題なので、乱暴な判断は許されない。しかし服装と同様に確認しておきたいことは、イスラームの定める政治制度は、カリフ制であるということだ。

カリフ（後継者の意味）とは、政務と宗務の最高権威者であり、預言者ムハンマドとその直後のカリフたちの統治方式をそのまま制度化したものとされている。ただし実際は、先代の指名であったり、部族長の賛同であったり、最後には世襲制となるなど、一定したものではなかった。さらに後代に至り、法学的にカリフ制は選任の諸条件（正義、知識、健全な肉体と精神、ジハードを命じる勇気と決断力、クライシュ族出身）や、義務（信仰の擁護、誠実さ、ムスリムの身体と暮らしの保障、違法行為の処罰、防衛、官吏の任命、専心義務）が大いに議論され、整備された。

ところが第一世界大戦後の新生トルコ共和国でカリフ制が廃止されて以来、この制度はもはや復活されていないのである。それに代えて、王制、軍事独裁制、短期日の共和制などが試みられて、今日に至っている。いずれにしても現実上のイスラーム諸国の政治制度をもって、イスラームの古色に満ちているというのは、当たっていないことは確かである。

さらに突っ込んで、古色の印象が与えられるとすれば、一般的な印象として進取の気性にかけているのではないかという疑問であろう。こうなると何とも断定的には発言できない。人によりけりの面があるし、また各国それぞれに特殊の事情があり、一様な印象論はむしろ避けるべきである。但し次のことは言える。

それは日本が近代化の明治維新を敢行したのは一九世紀後半であり、オスマーン・トルコ帝国が近代化（軍制度改革、殖産振興と工業化、法制化など）に着手したのもやはり一九世紀中葉であったということだ。つまりそれ以来同じような時間幅になるのに、その結果はかなりの差があると見られることである。日本とトルコの近代化努力の比較研究は、大部の研究書が出されるほどに、トルコ側では大きなテーマとなっている。それだけに日露戦争で欧州勢力であったロシア帝国海軍に対して、日本連合艦隊を勝利に導いた東郷平八郎元帥はいまだに英雄扱いである。その一戦で近代化の差がついたわけではないが、ともかくアジアの勝利と見なされてきたのであった。

以上の事例は、古色の印象の原因として近代化の速度が日本ほどでないということになる。[14]しかしそれはイスラームの方の刷新の意思と努力まで否認するものではない。中東イスラーム諸国には、被植民地として欧米の直接支配を受けてきたことの傷跡も数多く見られる。そして国民社会形成上、多大な障害と直面せざるを得ず、いまだに民意の定まりにくい状況が多々続いているというべきであろう。

第二部　イスラームのこころ

一、まず読みたい
クルアーンの章と節

クルアーン

イスラームのこころを知るうえで、その原典であるクルアーンを直接自分の目で読んでみるのが、一番と言える。しかしクルアーンの叙述はかなり手が混んでいるので、何の準備もなく読み始めても、ただ途方に暮れる結果に終わる恐れが大きい。第二部の第一章はそのための手助けを目的としている。教えの全貌を一目で概観できる個所や、個別のテーマを扱ったものなど、ばらつきがある。また随所より適宜拾い集めてきて、一つの話題が示される場合もある。そしていずれの場合も、ここで取り上げた個所を知ることなく、クルアーンやイスラームを語ることは考えられないものばかりである。

イスラームのこころは、和やかさとおおらかさに特徴づけられる。他方それは人生のさまざまな悪に対する警戒心も怠りなく維持している。悪は誰の心にも入り込むので、人は常に悔い改めることが求められる。そして適切に悔悟し改心した者は主の慈悲により赦《ゆる》されるので、人間に回復力とリセットの機会を提供することとなる。そこには原罪意識という暗さはなく、常に善を積むことが奨励されるという、イスラーム固有の明朗さが基底に流れているのを見出すことができる。

以上は著者の言葉で少々まとめてみたものだが、やはり静かに素直な気持ちでクルアーンを読んでみることが、イスラームのこころを会得する最善で最短の道であることに変わりはない。ただどの部分を読むかについてはいろいろの選択がある。その中でもまずは短い七行からなる第一章の開巻章を取り上げるのにほとんど異論はないはずだ。同章は、それほどにクルアーン全体の幅広い教えを簡潔にして、縦横に展開しているのである。

（一）開巻章

「一．慈悲あまねく、慈悲深い**アッラー**の御名において。

二．すべての世界の主である**アッラー**に、すべての称賛を捧げます。

三．（**アッラー**は）慈悲あまねく、慈悲深いお方で、
四．最後の審判の日をつかさどる方です。

五．（わたしたちは）**あなた**だけに仕え、**あなた**だけに助けを求めます。

六．わたしたちをまっすぐな道に導いてください。

七．その道とは、**あなた**が恵みを与えた人びとの道であり、（それは）怒りをかうこともなく、迷ってもいない人びとの道です。[15]」（一：一―七）

ここでいう「慈悲」とは他人の痛みを自分のことのように感じることで、それは情けに近いとされる。しかしそれはアッラーの働きであるので、これ以上の定義は難しいとされる。またこの「慈悲」は世界を取り巻くほどあまねきものであり、同時に微細なものへも与えられるほど深いとされ、そのような広範かつ繊細な働きはまさしくアッラーだけに可能ということにな

る。[16]

そして全存在を主宰するアッラーは、称賛の的である。「称賛」は感謝の極まったものとされ、その典型的な形として礼拝がある。礼拝はアッラーに対する感謝と嘆願でもある。なお「まっすぐな道」、すなわち正しい道を歩みたいとする正義を求める心が、慈悲を求める心と共にイスラーム信仰の二本の柱であり、この求道の根強い営みが人の生きがいとなるのである。

この章で非常に注目されるのは、各節の向けられる方向が鋭くも鮮やかに転換されていることである。つまり第一節から第四節までは、アッラーの称賛と審判を司る役割に関する言葉であるが、次いでいきなり第五節は信者のアッラーに対する帰依に向けられている。また最後の第六節と第七節は、アッラーへの嘆願の言葉になっているのである。こうしてすべての主宰者であるアッラーの形容と、絶対主と信者の在り方全体が描き出されていると言える。

ちなみにイスラーム入信の誓約の言葉は、「アッラー以外に神はなく、ムハンマドはアッラーの使徒である」であることは知られているだろう。そこでも信仰全体の中核としてのアッラーの存在認識がまず出てくるのである。他方多くの日本人にとっては、いきなり「アッラー」を掲げること自体に違和感があるかと予想される。そこでアッラーというアラビア語の神名を突然自分に押し付けるよりは、それは宇宙全体の差配をされる方であり、ポイントはその御方を除いては総合的な指揮者は存在しないことを明確に認識すること（覚知）であると、言い換えることができる。そのようにすることでイスラーム全体へのアプローチがスムーズになり、ありがちな当初の違和感が払しょくされるかも知れない。

なおこの開巻章は、同じく非常に短い最後の章である「人びと章」と連動しており、いわば一本の絵巻物の初めと終わりを構成している格好になっていることも看過できない。クルアーンは大変周到に編集されているということである。この最後の章ではアッラーが支配者であり、信者がアッラーに悪魔のもたらす災厄から救援を求める内容となっている。

一．（ムハンマドよ）言いなさい、人びとの主に、わたしは助けを求めます。
二．人びとの支配者よ、
三．人びとの神よ。
四．（助けを求めるのは）こそこそ隠れ、つぶやく者（悪魔のこと）の悪から、
五．それは人びとの胸につぶやく者で、
六．幽精（ジン）であろうと、人びとであろうと。」（一一四：一－五）

（二）玉座の節

アッラーの覚知が最も大事であることに触れたが、この節はアッラーが天上でおられる玉座の模様を描写している。またクルアーンの中でも神観念の最も長い表出になっており、それはかなり具象的な表現なので把握しやすいかとも思われる。いずれにしてもこの節は第二章（雌牛章）の中にあるが、「玉座の節」として固有名詞化されるほどに注目されている一節である。なおこの節は美しいアラビア語書道でデザイン化されて記されて、よく礼拝所の壁などを飾っていることが見られる。

「**アッラー**こそはかれの他に神はなく、かれは永生にして（全存在を）扶養する方です。眠気も睡眠も**かれ**をとらえることはありません。諸天にあるものや、地にあるものは（すべて）**かれ**のものです。**かれ**の許しなく、誰が**かれ**の御元で執り成すことができるでしょうか。**かれ**は、かれら（人びと）のこれからとこれまでをご存知なのです。そして**かれ**の御心にかなったこと以外、**かれ**の知識からかれらが得ることは何もありません。**かれ**の玉座は諸天と地に果てしなく広がりました。またそれら（天と地）を護持することで、**かれ**が疲れることはありません。**かれ**は至高な方、偉大な方なのです。」（二：二五五）

アッラーは天と地の指揮者であり、初めも終わりもなく、すべてを差配する方として存在されている。それは何かがあって存在する相対的な存在ではなく、いわばすべてを超越して存在する絶対的な存在者である。

再び当初の違和感を払しょくするために言い換えるならば、次のように言えるだろう。われわれが目にする秩序だった天体の運行振りは実に驚異的であるが、これは偶然ではなく、宇宙の全存在を運営し指揮するものがなければならない。指揮者の力量は、地上の四季の変化や繊細な草花の秩序立った移り変わりにも表れている。このような指揮者がいなければ混乱と混沌しかないだろう。そこでこの総合的な指揮者をアッラーと呼ぶのである。

アッラーの覚知を助ける方途の一つとして歴史的に編み出されたのが、九九の美称と言われるものである。それは、偉大である、強力である、最善であるなどなど、九九に及ぶアッラーの別称である。九九というのは、無限大を示唆する数字である。要するにアッラーには美しい別称が無数にあるが、人はそれらを唱えることでアッラーの覚知に到達することが可能になるという手法である。これは仏教で仏を思うに当たり、夕日を眺める（日想観）などの手法が説かれるのに近いと言える。

ちなみにムスリムの氏名には、この別称を当てているケースがしばしば見られる。但しもっとも好まれる命名法は、男子であれば問題なく預言者の「ムハンマド」の名前そのものであることもここで付言しておこう。

クルアーンには次の言葉がある。

「**アッラー**は、諸天と地の光です。」（二四：三五）

こうして人は光の筋を見つめることも、アッラー覚知の方法とすることとなった。礼拝所の中央部にはドームが設けられることが多いが、そのドームには小さな窓が設けられており、そこから太陽の光が差し込む仕組みになっている。そして信者は礼拝所に横になりその光の差し込む様子を眺めて、アッラーを想うことも多いという。知らない人は彼らが昼寝をしているだけと思う場合でも、実は熱心にアッラーを想い唱えているのである。

（三）人の生と死

アッラーが万物を創造され、支配し統治され、死滅させた後に復活されて、是非善悪を定め計量されるという、最後の審判を司られる。これが天地を巡る大きなシナリオである。人も決してその例外ではあり得ない。そんな中、人の創造には目的があることにも注目しておきたい。それは善のみを知る天使と、悪のみを知る悪魔の間にあって、善にも悪にもなりうる存在として、人間は試されるために創造されたと位置づけるのである。したがって人は試練に耐えることが運命付けられているわけではあるが、決してそれは一生涯を通じて罪悪を背負って歩むイメージではなく、常に善行の貯金をする道のりである。それだけにそれは、前向きで明るい行進となる。
こういう流れを念頭に置いて、クルアーンの言葉を見てみよう。
「**アッラー**こそはあなた方を創造し、糧を与え、それからあなた方を死なせ、さらに生を与えた方です。」（三〇：四〇）
「（**アッラー**は）死と生を創られた方ですが、それはあなた方の、誰が優れた行ないをする人なのかを試みるためです。」（六七：二）
「やがてあなた方は、自分の主の御元に帰るのです。その時**かれ**は、あなた方の（現世における）行ないのすべてを御告げになります。真に**かれ**は（人びとの）胸に抱くことを熟知します。」（三九：七）
「確かに、**アッラー**だけに（審判の）時の知識はあります。またかれは雨を降らせ、胎内にあるものをも知っています。でも人間は明日自分が何を稼ぐかを知らず、どこの地で死ぬかも知りません。」（三一：三四）
「（非信者の魂を）手荒く引き抜く者（天使）にかけて、二、（信者の魂を）そっと引き出す者にかけて、」（七九：一－二）
「**アッラー**の道において殺された人たちを、死んだと思ってはいけません。いいえ。かれらの命は主の御元で扶養されています。」（三：一六九）

こうしてムスリムにとっては、死は恐怖の対象ではないということになる。真に恐れるのは、最後の審判という究極の場面のみなのである。他方生命の尊重は、それが主の創造によるものだけに当然であり、自殺も厳しく戒められる。実際、イスラーム諸国では自殺のニュースはまず耳にすることはない。

「またあなた方自身を殺してはいけません。」（四：二九）

「人を殺し地上に腐敗を広めたという理由なく、人一人を殺す者は、全人類を殺したのに等しい、また人一人の命を救う者は、全人類の命を救ったのに等しいと。」（五：三二）

（四）人の弱さと赦しを請う精神

「**アッラー**はいかなる魂（人）にも能力以上の重荷を与えません。それ（魂）が稼いだ（善い）ものはそれのためとなり、それ（魂）が稼いだ（悪い）ものはそれに責めが回ります。わたしたちの主よ、わたしたちがもし忘れ、あるいは過ちを犯すことがあっても、責めないでください。わたしたちの主よ、わたしたち以前の人たちに負わせたような重荷を、わたしたちに負わせないでください。わたしたちの主よ、わたしたちの能力が及ばないことを負わせないでください。わたしたちから罪を消し、わたしたちを赦し、わたしたちに慈悲を与えてください。**あなた**はわたしたちの守護者です。だから不信心な人たちに対し、わたしたちをお助けくださ

い。」（二：二八六）

本節はあまり解説も必要としないようだ。その全体が祈りの文言としてよく使用されるので、注目して、暗記するほどに繰り返し唱える価値があるだろう。人間というものは小さく弱く作られている存在だという自己認識は、道徳上では謙譲などの美徳を導き出す源泉ともなる。

また預言者ムハンマドは一日に、七〇回は悔い改める祈りを捧げたとされる。それほどに繊細な神経を持ち、また支配者アッラーの前に身を投げ出していた様子が伺われる。このような精神と身の処し方こそが、ムスリムに期待されているものとも理解される。そのことを片時も失念せずに常に想起するためにも、この一節は欠かせないものといえる。

（五）アッラーを意識して、敬虔であることの重要性

「（だから巡礼の）旅の準備をしなさい。確かに最も優れた準備は（篤信で**アッラー**）を意識することです。思慮ある人たちよ、**わたし**を意識しなさい。」（二：一九七）

巡礼というと人はどうしても持参する持ち物や後に残す家族のことなどに気を奪われがちであるが、最重要な準備は篤信であり、アッラーを意識することであると釘が刺されているのだ。アッラーを意識するとは、その存在と支配を改めて認識して、敬意を払い、従順となることである。意識するとは、アラビア語でイッタカーの言葉であるが、それは従来、畏怖するとだけ

訳されることが大半であった。ところがその含意はさらに幅広く深いものであるので、改めてその点を確認しておこう。

「それらの（供犠の）肉や血が、**アッラー**に達するのではありません。しかしあなた方の敬虔さ（篤信振り）が、**かれ**に届くのです。」（二二：三七）

これも羊などを犠牲に付して奉る際に、ことの物質面ではなく、その背後にある敬虔さが問題であるとしている。目に見える物事に注意を奪われがちな人の習性に、やはり釘を刺す意図である。いずれも短い節であり、暗記してしかるべきものである。アッラーを意識することこそが、イスラームの信仰全体の中核であることも忘れられないのである。

（六）人の言動全般に規範を与える節

「（**アッラー**に）正しく仕えるということは、あなた方の顔を東または西に向けることではありません。正しく仕える（人びと）とは、**アッラー**と最後の日、天使たち、諸啓典、預言者たちを信じ、愛着あるとしてもその財産を、近親、孤児、貧者、旅人、物乞い、奴隷の解放のために費やし、礼拝の務めを守り、定めの施しを行ない、約束したときは約束を果たし、また、不運や逆境、そして危機に際してよく耐え忍ぶ人びとです。これらの人々こそ真実（に従うところ）の人びとであり、これらの人々こそ**アッラー**を注意深く意識するのです。」（二：一七七）

この一節は、言動両面を含む信仰の全体像を示す最重要なものの一つなので、留意したい。この内容がいわゆる六信五行の教義としてまとめられることとなる。つまり六ケの信仰箇条は次の通りである。

第一　アッラーの絶対的支配（唯一にして永遠なる存在）
第二　見えない世界の存在（諸天使など）
第三　諸啓典（クルアーンは最後のもの）
第四　諸預言者（アーダムから始まり、ムハンマドは最後の預言者）
第五　最後の日のあること（最後の審判が行われる）
第六　定命のあること（アッラーの深慮と計画）

また五行は次の通りである。

第一　信仰告白（二名以上の証人を立てて、アッラー以外に神はなく、ムハンマドはその使徒である旨を表明する、入信の際に唱える言葉）
第二　礼拝（日に五回。これは義務的な回数だが、以下も義務的回数を示す。これ以外に

も礼拝には祝祭日や葬儀の礼拝、あるいは随意の礼拝などもある）

第三　喜捨（年に一回）

第四　断食（年に一ヶ月間）

第五　巡礼（一生に一回）

こうして六信五行という形にまとめられ、後代のイスラーム神学と法学発展の基軸となった。各項目はどれをとっても膨大な議論や検討の蓄積があり、その全体がクルアーン解釈学などと共にイスラーム教学を構成することとなる。もちろんイスラーム以前の社会慣行や宗教儀礼を継承する面もあるのは否めないが、しかし逆にそれらすべてにアッラーの支配という傘がかぶせられることで、イスラーム色に染め抜かれることとなった。それは歴史の新たな頁が開かれたことを意味するし、ムスリムにとってはそれが暦の初め（イスラーム暦の元年は、マッカの難を逃れてマディーナに移住した西暦六二二年）となったのであった。

（七）人の祈り

イスラームにおける祈りのあげ方は、毎日五回行う礼拝（サラー）、折々に行う祈願（ドゥアー）、そして随時アッラーの名を唱える唱念（ズィクル）に分けられる。ただし具体的に口ずさむ文言は、礼拝の中に唱念の言葉が入ったりして、互いに乗り入れて混在している部分もある。そしてすべてに共通しているのは、作法を守りつつできるだけたくさん行うことが良いとして、勧奨されていることである。

祈願は内容的に随意、実施の定時もなくまた使用言語もクルアーンのアラビア語に限らず自国語が可能である。そこでさまざまな祈願文言集が世界の各国語で出され、例えばそれを巡礼者が片時も離さず首から下げて歩く姿に出会う。

唱念は祈願と異なって、使われる文言がより簡潔で、アラビア語で定型化されたものが多い。一番短くは「アッラーの御名において」であるが、この他、「アッラーは偉大なり」、「アッラーは至高なり」、「アッラーは唯一なり」、「アッラー以外に方法も力もない」といったものが、よく使われる。

クルアーンに祈願に関して、次のように出てくる。

「**わたし**の僕《しもべ》たちが、**わたし**についてあなた（ムハンマド）に問うなら、**わたし**は本当に近くにいる（すべてを見て聞いていると伝えなさい）。**わたし**に祈りを捧げる人たちに**わたし**は応えます。だから**わたし**に応えさせ、**わたし**を信仰させなさい。そうすればかれらは正しく導かれるでしょう。」（二：一八六）

次は、唱念に関してのクルアーン中の言及である。

「この啓典（クルアーン）であなた（ムハンマド）に啓示されたものを読誦しなさい。そして礼拝の務めを守りなさい。確かに礼拝は、淫らな行為と悪行から遠ざけます。**アッラー**を唱念することこそ、偉大なのです。**アッラー**は、あなた方が行なうことをすべてご存知です。」（二九：四五）

以上のいずれの形式であっても、祈りはすべて主への人からの内面的な語りと理解され、内容的には主への称賛と主への願いが混じったものである。称賛することは感謝の極まったものと説明されるがその出発点は、一方では相手の大きいこと、他方においては自らの小さいことを認識することにある。しかし次のようにクルアーンは現実的な指摘もしている。

「人間は災厄に会えば、主に祈り、改心して**かれ**に返ります。だが**かれ**が恩恵を**かれ**の御元から授けると、先に祈ったことを忘れて（不信となり）、**アッラー**に同位者を配し、**かれ**の道から（人びとを）迷わせるのです。」（三九：八）

信者の本来としては、苦しさからの脱却が当面の目的であるとしても、それをアッラーに頼り、それが実現すればまたさらに、アッラーに感謝するということになる。すなわち自分の生活と意識がアッラーを中心に巡るという状況なのである。こうなるとそれは手段や方法であるとともに、目的そのものと渾然一体となった境地だといえるのであろう。

いずれにしても今の日本ほど祈りが重視されることも珍しい。願いを多くすることは、イスラームでは大いに勧められる行為である。なぜならば嘆願は、アッラーの絶大な能力を信じてそれに依拠する心を堅持していることにほかならない。だからそれはそれ自体で、篤信であるということになる。なおイスラームでは現世的な利益を嘆願することも、特段問題ない。

ところで祈りだけで現実は動くのだろうか。信仰の立場からの発想だと、何が現実を動かすというのであろうか。改めて考えてみると現実は他でもない絶対主の意思である。信者としては善かれと信じるあらゆる努力を払い、それをアッラーに認めてもらい、赦してもらい、最後の日における天国行きの審判についてお許しが出るように祈り、お願いするのである。そして現実が動けばそれでよしとして、改めてアッラーに感謝することとなる。

このように見ると、祈りだけで現実は動くと初めから考えていないということだ。なぜならばすべてはアッラー次第だからである。祈りはそのアッラーのお計らいをお願いするという位置付けになる。

しかしどうしても祈りが叶えられなかったらどう考えるのだろうか。信者の発想を再び確かめると何かが叶うというのは、そのようにアッラーが望まれたからである。だから祈りをしたから叶う、あるいは叶わないという理解ではないのである。

そこで祈りの結果がどうであれ、アッラーのお計らいであることは変わらない。それはありがたく受け入れることとなる。そしてそれは時として喜びをもたらし、時として人の忍耐を問う試練の機会ともなるのである。人はアッラーに仕え、試されるために創造され、そして生きているという原点に戻ることとなる。

このような態度は余りに受身にすぎるだろうか。結果が伴わなければ何とかしようとし、そして何度でもトライする攻めの姿勢が、現代社会では馴染みのあるものかもしれない。しかしどこかで結局人間は妥協点を見出しているのが大半の場合だろう。受身であるのか、あくまで攻めの姿勢を維持するのかは本人の判断だ。その中において、少しは現在の自分のあり方とは異なるスタンスが有りうるし、いずれにしても顧みるゆとりのある自然体が、最終的に好結果をもたらすのではないかということだけは、忘れたくないと思われるのである。そしてそのようなゆとりの表れが、祈りということにもなっていると見られる。(17)

（八）「クルアーンの心臓」と称される章

この第三六章のヤー・スィーン章は啓示と来世の話が主題で、最後の数節（七七－八三節）では、復活の日について語られる。アッラーにすべては帰ることが強調される本章は、イスラームの終末観を提示するものとして重要である。そこでこの章は「クルアーンの心臓」とも称され、ムスリムの葬儀でよく読誦される。全体を引用するには長いので、粗筋を以下に記しておきたい。

「（アッラーの記録の書板）……一一．誠に、あなた（ムハンマド）は使徒の一人で、四．まっすぐな道の上にいます。五．偉力大かつ慈悲深いお方の啓示（によって）、六．あなたは、先祖が警告を受けておらず、それで留意していない民に警告するのです。……一二．確かに**われら**は、死者に命を与え、またかれらが（現世で）行なったことや、かれらの足跡を記録します。**われら**はすべてを、明瞭な記録簿（書板）の中に数え上げるのです。

（ある町の住民への審判）一三．その町（通説では、シリアの町アンターキーヤ）の住民（の話）を、例としてかれらに示すとよいでしょう。使徒たちがそこにやって来たときのことを。一四．**われら**が二人の使徒を遣わしたとき、かれら（住民）は二人を嘘つき呼ばわりしました。そこで、**われら**は第三の者で強化しました。そしてかれら（使徒たち）は言いました。確かに、わたしたちはあなた方に遣わされた者です。一五．かれら（住民）は言いました。あなた方はわたしたちと同じ人間にすぎません。慈悲深いお方は何も啓示されてはいません。あなた方は嘘をついているだけです。……二〇．そのとき、町のはずれから一人の男が走って来て言いました。人びとよ、これらの使徒たちに従いなさい。二一．あなた方に何の報酬も求めない人に従いなさい。かれらは正しく導かれています。二二．わたしを創った方に仕えないなど、どうしてできるでしょう。あなた方も**かれ**に帰されるのです。……二五．わたしは、あなた方の（創造）主を信じます。だからわたしの言うことを聞きなさい。二六．かれ（使徒）は（天使から）楽園に入りなさいと言われました。……二八．かれの後、**われら**はかれの民に対して、天から軍勢（天使たち）を遣わしはしませんでした。またそうしようともしませんでした。二九．ただ一声叫ぶだけで、かれらは消え失せてしまったのです。三〇．ああ、哀れな僕《しもべ》たちよ。かれらは使徒が来るたびに笑い草にしていたのです。三一．かれらは気付かないのですか。**われら**がかれら以前に多くの世代を滅ぼし、かれらはもう帰ってこないということを。三二．確かに、（審判の日には）一人残らず**われら**の前に招集されるのです。……

（現世と来世）四五．あなた方の前にあるもの（来世）と、後ろにあるもの（現世）を意識しなさい。そうすれば、あなた方は慈悲にあずかるでしょうとかれらに言われると、四六．かれらの主からの数々の印が届いても、かれらはそれから背き去るのです。四七．また、**アッラー**があなた方に授けたものから施しなさいと言われると、不信仰な人たちは信仰する人たちに言います。もし**アッラー**が望むなら、**かれ**がその人を養うはずなのに、どうしてわたしたちが養うべきなのでしょうか。……四八．またかれらは言います。あなた方の言うことが真実なら、この約束（審判）はいつなのですか。四九．かれらは一声の叫びを待っているにすぎず、それ（一声の叫び）はかれらが論争している間にかれらを襲うのです。五〇．その時、かれらは遺言することもできず、また家族のところに帰ることもできません。

（復活と最後の審判）五一．そしてラッパが吹かれると、かれらは墓場から（出て）、かれらの主の御元に急ぎます。五二．かれらは言います。ああ、情けない。わたしたちを寝所（墓場）から呼び起こしたのは誰でしょう。これは慈悲深いお方が約束したことであり、使徒たちは真実を語りましたと。五三．ただ一声の叫びが鳴り響けば、かれらは一人残らず**われら**の前に招集されるのです。五四．その（最後の審判の）日、誰も不当な扱いを受けず、あなた方は自分の行なってきたことに対してのみ報いられます。五五．確かに楽園の仲間たちは、この日、喜びに忙殺されます。五六．かれらはその配偶者たちと、木陰の寝床によりかかります。五七．そこでかれらには、果実やかれらが望むものが何でもあるのです。五八．平安あれ、との言葉も、慈悲深い主からあります。五九．罪人たちよ、今日あなた方は離れて控えなさい。六〇．アーダムの子孫よ、悪魔に仕えてはならないと、**われら**はあなた方に命令しませんでしたか。かれ（悪魔）はあなた方の公然の敵です。六一．あなた方は**わたし**に仕えなさい。それこそが正しい道です。六二．確かにかれ（悪魔）は、あなた方の大部分を迷わせました。どうしてあなた方は悟らなかったのか。六三．これはあなた方に約束されていた地獄です。六四．あなた方は信仰を拒否してきたので、今日そこで焼かれなさい。……

（アッラーの力量）六九．**われら**はかれ（ムハンマド）に、詩を教えませんでした。また、かれは詩人にふさわしくありませんでした。これは諭し（啓示）であり、明瞭なクルアーンです。七〇．（クルアーンは）命ある者に警告を与えるためにあり、（それによって）非信者たちに対する言葉（裁決）が実現されるのです。……七四．かれら（マッカの多神教徒たち）は**アッラー**を差しおいて他に神々を選び、何とか助けられようとします。……七六．（だから）あなたはかれらの言うことで、悲しんではいけません。確かに**われら**は、かれらの隠すことも現すことも知っています。……

（アッラーの創造）七七．人間は考えないのですか。**われら**は一滴の液体からかれを創ったことを。それなのに見なさい。かれは公然と歯向っています。七八．また、かれは**われら**に例えを示す（口論する）けれど、かれ自身の創造を忘れています。かれは言います。誰が朽ち果てた骨に命を与えることができるでしょうか。七九．言いなさい。最初に創った方が、かれらを生き返らせます。**かれ**はすべての創造物を知り尽くしています。八〇．**かれ**は緑の木から、あなた方のために火をもうけ、あなた方はそれから火を起こすのです。八一．諸天と地を創造したか**かれ**が、これらに類するものを創造できないことがあるでしょうか。いいえ、**かれ**こそは全知の創造者です。……八二．**かれ**が何かを望むと、**かれ**の有れという命令で、それは有るのです。八三．その御手ですべてを支配する**かれ**にこそ、すべての賛美あれ。あなた方は**かれ**の御元に帰されるのです。」（三六：一－八三）

二、信仰の源泉

アッラーの額

信仰という人の営みは、誰かに命じられてするものではないし、ましてや人にどう見られているかという外見を気にしてするものでもない。それは人間が生きようとする中から、必要に迫られてうごめく心の働きなのである。苦難を克服したい、悲しさを癒したい、あるいは曲がったありかたではなく、正しくありたい、といった心の叫びから生まれてくるものである。そこでそれは、本来生きるという営みと表裏一体なものとして、大小や強弱の差こそあっても、誰しもが共通に求めるものとなる。

日本では太平洋戦争以前は軍国主義に走り、その責任の一端は宗教にあったため、戦後はすっかりあらゆる宗教に対して警戒心と嫌悪感さえ持たれるようになった。「神仏には随分奉仕したのに、結局神も仏も何もしてくれなかったではないか」というのが、大半の国民の実感であった。そして宗教は公的教育において、政教分離の呼び掛けの下ですっかり影を潜めることなった。それに伴い、人びとの意識からも影の薄い存在となってしまった。

しかしそれも七〇年以上経過する中で、精神的支柱としての宗教は、本当は社会に必要なのではないのかという反省の機運が生まれつつあるのが、今日現在の段階と言えよう。それとともに、宗教はさておき、まずは道徳教育だけはしっかりしなければいけないとして、ようやく学校の教科として復活させられた。それも教科書をどうするのか、道徳教育を受けたことのない教師が、何をどう教えられるのかといった原点に立ち戻る課題と取り組まねばならないのは事の自然である。

他方世界の多くの民族や人種を通じて、宗教を享受していないものはないと言っても過言ではないだろう。それは人類共通の営みであり、人間存在の不可分な半面と表現しうると見られる。以上のような簡潔な観察ではとても本来の全貌を描けるものではないが、日本の置かれた極めて特殊な状況を垣間見るには一応十分かも知れない。

そこでこのような大きなハンディ・キャップを背負った中で、信仰の原論に当たる設問に光を当てようとするのが、本章の課題である。人はなぜ宗教信仰を求め、それはどのように確立されるのか、そしてそもそも信仰するとは何をどうすることなのであろうか。こういった疑問点に関して、イスラームはどう答えているのであろうか。

イスラーム諸国ではイスラーム信仰は当然の前提であるので、このような初歩的な課題は生じないし、このような病原菌に対して免疫なのかというと、実は全くそうではないのだ。人である以上迷うし、不安感や戸惑いの日々を過ごすことは、非イスラーム圏と大同小異なのである。但し日本と大きく異なるのは、こういった設問に真剣に耳を傾ける人は日本なら限られているかもしれないが、イスラーム諸国であればほぼ全員が耳目を傾けて拝聴し注目するであろうということだ。

(一) 人間と信仰

人にとって信仰とは、不可分で不可欠な営みであるというのが、イスラームでは揺るぎない考え方である。まずはなじみやすいところで、最近の事例を挙げてみよう。

数年前にサウジアラビアで出された、イスラーム広報用であり、啓蒙用の小冊子の書き振りである。それは人々に広く受け入れられているところに、格別の意味がある。

「(人は) 一生を通じていつも自問し続けるだろう。自分の人生は、一体どういう筋書きなのか? 自分は誰か? どこから来て、どこへ行くのか? 将来は? 存在している目的は何なのか? どうせ最後は死んで、土となり無に帰するのなら、この世でこんなに息苦しくなるのは、何のためなのか?

ムスリムや啓示宗教の信者たちは考える。公正な創造者がいなくて、善行者が報奨を、そして悪者は懲罰を見出すようなもう一つ別の人生があるということを。信仰しない人の生涯は、無意味でまったく無駄なものであり、償われることのない苦痛であり、得るところもなく補填もない冒険のようなものだと。

生活苦や間違い、それに対して正しいことなど、さまざまな人生の矛盾と知恵をよく理解することは、知恵にあふれて公正で、自らの判断を示される創造主を信じなければできないことである。主はこの人生に対して、誰しもその言動によって受けるべき裁きを設けられた。

その時に、我々の呼びかける正義、愛情、同情、誠実、忍耐、慈悲といった価値や概念への深い信仰が、精神と調和の取れた真実となる。そして挑戦することでその意味が分かり、達成することに味わい深いものがあり、忍耐強くすることには甘美なものがある。高貴なクルアーンはムスリムの格別無欠で清らかな書物であり、以上のことを示している。そこでアッラーは、「そしてかれらは諸天と地の創造について想いを巡らせるのです。わたしたちの主よ、**あなた**は無目的にこれ（天地）を創ったのではないでしょう。**あなた**に栄光あれ。」（三：一九一）と理性と思慮の人々について言われた。[18]」

自問して将来を悩むところから、信仰を求めるという見解である。アッラーは人間を「無目的に」創造されたはずはないというところから、確信と安寧の生き方が開始されるのである。なおこれが一般的なイスラーム啓蒙書の書き振りであり人々に流布しているというのだから、少し驚きを覚えさせられる。読みやすさ本位ではなく、相当硬く高尚な表現になっている。それだけ一般読者の宗教分野におけるレベルが高いということにもなるのであろう。

もう一つ最近の事例として、高名なイスラーム指導者による信仰の源泉の理解の仕方を見ておこう。

「信者は存在全体の摂理（の一部としてその天分）に調和して、また自身に与えられた摂理とも戦いではなく平和と協調の関係をもって生活するが、その摂理はアッラーが賦与されたものである。そしてそのような摂理に導かれるからこそ、信者は静穏を見出すのである。

ところが人間の与えられた天分には空白部分があるのだ。それは科学や教養や哲学で埋めることはできず、それができるのは至高なるアッラーへの信仰だけなのである。人間の天分としては、アッラーを見出し、それを信奉して、それに向かわない限りは、緊張、空腹感、そして喉の渇きから逃れることはできないのだ。

またそうしてこそ疲れは癒され、渇きは潤うこととなり、恐怖から逃れて、迷いから導かれ、失敗から安定へと向かい、不安から安寧へと移行するのだ。[19]

「人の心の奥深くには、隠れた声が叫んでいる。不安をかき消して、精神を落ち着かせてくれるような回答の待たれる、差し迫って来る疑問に満ちている。その疑問とは、世界は一体何なのか、そして人間とは何なのか？　それら両者はどこから来たのか、そして誰が創り、差配しているのかということである。その目的や始めと終わりは、どうなるのかは？　生、死、死後の世界、この移ろいやすい生活の後に何があるというのか？　それらは、永久とはどう関係するのか？」

これらの疑問に人は創られた日から攻められて、そしてその幕を閉じるのである。結局それらに明確な回答を与えるのは、宗教信仰においてのみなのである。信仰こそは、大きな存在のもつれを解き、それらの疑問に答えられる唯一の根拠なのである。そしてようやく、人の天分は喜悦し、胸をなでおろすこととなるのだ。[20]」

人の天分には空白部分が初めからあるが、それを迷いや不安から逃れるために、何とか埋めようとするという。こうして人は、天賦の能力に基づいて現実以外を求めることとなり、そこに信頼すべき価値体系としての宗教信仰を必要とする必然性があるということになりそうだ。つまり人間が存在し生息することと信仰とは、本源的に不可分の一体であるというのだ。

以上でイスラームの最近の説明振りは、相当明らかになった。しかしここで日本になじみ深い仏教学の碩学である、鈴木大拙の所説をみておきたい。その見解はあまりにイスラームのそれに酷似しているとみられるのである。人はなぜ宗教を必要とするのか、その意味で信仰とは何かについて次のように巧みに述べている。以下では原文を読みやすくするために、現代文に本書著者が書き改めたものである。[21]

「人が生きるということは、悩みに満ちた営みである。言い換えれば、存在すること自体が悩みなのである。その理由は、人は今の自分以外を求める能力が授けられているからである。それは理想かもしれないし、幻想と呼ばれるものかもしれない。いずれも現実とは異なる姿である。

もっと有名になりたい、豊かになりたい、美しくなりたい、勉学に秀でたいなどなど、人の願望あるいは欲望は尽きない。ところが他方では、それらはその時点では非現実であるから、現実との間に自然と差異があり、それが対立や矛盾ともなる。この矛盾が悩みの原因となる。

そこで人は必然的に悩む存在である。それを称して、人は試練を受けるともいえるし、あるいは人には業《ごう》があるとも言いうる。その試練は他者や周囲の環境との関係であるかもしれないし、あるいは自分自身の活動範囲に限られたものかもしれない。

この断えることのない深い悩みは、個別の解決策で対処するのは不可能である。なぜならば、この種の悩みは限りないからである。一つが済めば、次が出てくることとなる。だからそれは人の業なのである。

この本源的な悩みに対する解決策は一つしかない。それは矛盾自体を包摂しつつ、全体を受け入れる理解と信念を確立することにある。それは宗教により異なる表現がなされている。悟りを開く、救済される、あるいは安心立命を得るともいえる。無や空を覚知するともいえる(注：イスラームなら初めも終わりもないアッラーがすべてであることを知り、アッラーに全面依拠し、帰順するということ)。

具象的な説明としては、樹木は静かになろうとするが風やまず、そこで樹木も風も合せ受け入れるといった描写が飲み込みを少しは容易にするかもしれない。こうして人が宗教を必要とする理由は明らかである。誰であれ万人がそれを求める権利と能力が与えられているのである。

そのように人は創られているのである。」
ここでいう「今の自分以外を求める能力」という論法は、すでにイスラームの啓蒙資料に見た「自問し続け」将来を悩むことから信仰を求めるという見解、さらにはイスラーム学識者の論考にいう、「人間の与えられた天分には空白部分」がありそれを人は埋めようとするとの説明と、異口同音と言えそうである。

このように人は信仰あってのものだという見解が、期せずして広く共有されていると言えよう。そして何よりも、宗教信仰を十全に享受しないような文化や文明は、古来の歴史を通じて見出されないという現実は、大きな証左となる。

なお以上のイスラームや仏教的な見地とは相容れないが、日本ではむしろ自然に受け入れられる視点を、事態の明確化のために念のためにここに概略記しておこう。その第一点は、人間の起源はダーウィン以来の進化論に基づくということである。もちろんその後大変な研究の進展があり、遥かに詳細に情報は集められてきた。しかし突然変異により新種が生まれ、その中でも環境や活動条件に最適、最強な種が競争に勝って発展するという基本構造は変わらないままに維持されている。このような人類がその想像力に基づいて、信仰を作ったと説明される。そして信仰も生存競争の一端として、より有利な帰属すべき集団を選択する手立てに他ならなかったとするのである。

他方では、飛躍的な脳科学や認知科学の進歩も特記される。その観点からの信仰の探求もされてはいるが、未だ特段の定説や支配的な学説は見出されていないようである。しかしそれも日進月歩であり、いずれ遠からず強力な見解が示される可能性は大きいと予測されている。[22]

ところで以上のような自然科学的立場に対して、イスラームはあまりむきになっては対抗していない模様である。なぜならば結果は日を見るより明らかだからであろう。「突然変異」は誰がどのようにして定めているのか、そして全体の種の変遷を支配する規則や原理はあるのか、あるとすればそれは誰がどのようにして運営しているのか。こういう疑問に自然科学はまだほとんど回答の試みもしていないのである。

回答がないのにそれを支持するという立場は、それ自身が別立ての信念であり、それ自身が科学信仰になっているということにもなる。全存在は偶然性に依拠しているという信仰になるが、科学者はもちろんそう主張しているわけではなく、その偶然性さえもいずれ解明されると仮定しつつ、その実現を未来の希望につなげて考えるのであろう。他方、イスラームの立場はそのような二者対立ではなく、総合的包括的に把握することを可能としていると見られる。現世的な理性を越えたところに宗教があり、その全体を統括するのが絶対主であり、それがアッラーと呼ばれるのだ、という整理に帰着することとなるのである。

（二）イスラームの伝統的な解釈

この節では、信仰の源泉に関するイスラームの古来の見解を紹介したい。まずよく言われることであるが、イスラームの発想では人は全員生まれながらにしてムスリム（イスラーム教徒）であるとされる。その原因としては、人の自然なあり方が信仰に向かうようになっているという。それを一番端的に示しているのが人の天分、あるいは天性（フィトラ）は不安を除去し安心をもたらす信仰に導き、それに随伴する天賦の心の静穏さ（サキーナ）が安寧に満ちた信仰心を育むという考え方である。(23)

クルアーンに言う。

「だから、あなたの顔を一心に教えに向けなさい。（その教えは）**アッラー**が人間に賦与された天性（の宗教）なのです。**アッラー**の創造したものに変更はありません。それは正しい教えです。でも、ほとんどの人びとは知らないのです。」（三〇：三〇）

預言者伝承（ハディース）にも言う。

「およそ子供は全て天性によらないで生まれてくる者はいない。しかしその両親が子供をユダヤ教徒にしたり、キリスト教徒にしたり、多神教徒にしてしまうのである。(24)」

このような自然で純な天性を汚し歪める最大の原因は、人間の欲望であるとされる。

再び、クルアーンを見よう。

「いいえ、不正を行なう人びとは、知識もなくかれらの妄欲に従うのです。それで**アッラー**が迷うに任せたものを、誰が導けるでしょうか。かれらに援助者はないのです。」（三〇：二九）

そこでイスラームで信仰の土台となる二つの要件、すなわち天性と静穏について、改めて少し細かくまとめておこう。

人は自ずと迷うし、迷えば信念やひいては信心を持ちたいとするが、それは天性に基づいているのである。ではどうしてそのような天性が人に賦与されることとなったのかは、世の東西を問わず人間自身が問い詰めることは難しい分野の事柄であると見なされる。なぜならばそのように創るべき主が創られたから、としか言いようがないからである。

「**われら**は天と地、そしてその間にあるものを、無目的には創りませんでした。それは信仰のない者の憶測です。かれら信仰のない者は、どれほど（地獄の）火を味わうことか。」（三八：二七）

「三八．**われら**は諸天と地、そしてその間にあるすべてのものを、戯れに創ったのではないのです。三九．まさに諸天と地とその間のすべてのものは、真理によって創りました。だが、かれらの多くは理解しないのです。[25]」（四四：三八、三九）

次いでは静穏である。それは古くより人に分別を教える光、活動する力、そして生命を吹き込む魂の三つをもたらすとされる。それを現代風に例えれば、試合でスタート前のスポーツ選手が持つような、静ではあるがいつでも動に移りうる状態で、エネルギーに満ちてはいても落ち着いた心境に見ることができるだろう。つまりそれは、夢や幻想ではなく現実の事象なのである。

イメージをより具体的にするため、手間はかかるがクルアーンで静穏を直接語った五箇所を、すべて丁寧に見ておこう。ただしここは、専門的に細か過ぎると感じる読者は飛ばすこともできるので、断わっておく。

①「それから**アッラー**は、**かれ**の使徒と信者たちの上に、**かれ**の静穏をもたらし、またあなた方には見えない軍勢を遣わして、不信心な人たちを処罰されました。これが非信者への報いなのです。」（九：二六）

これは六三〇年、フナインの戦いと呼ばれるイスラーム初期の戦闘の際に、劣勢にあった預言者ムハンマド側をアッラーが助力した際の光景である。敵軍にはこの天使の軍勢が見えたとされ、それにより勢いがひるんだのであった。一方信者には見えなくても、心は安堵感に満ちてその士気を強めた。静穏の効用とされる。

②「一人の友と二人（ムハンマドと教友のアブー・バクル）で洞窟にいたとき、かれ（ムハンマド）はその教友に向かって言いました。悲しんではいけません。**アッラー**は確かにわたしたちと共におられます。すると、**アッラー**は**かれ**の静穏を、かれ（ムハンマド）に降ろされ、あなた方には見えないけれど、（天使の）軍勢でかれを強めました。」（九：四〇）

これは預言者ムハンマドが、後に初代正統カリフになるアブー・バクルと共にマッカからマディーナへ移住する際、マッカ郊外のサウル山の洞窟に追っ手から逃れ隠れたときのことである。見えない天使の軍勢は恐怖心を抑えさせ、二人はまんじりともせずにやり過ごして、漸《ようや》く追手の目を逃れることができた。それほどに冷徹な状況判断の力を静穏が与えたということである。

③「**かれ**こそは、信者たちの心に静穏（サキーナ）を降ろし、かれらの信心を強化された方でした。実に、諸天と地の軍勢はアッラーのものです。アッラーは、全知にして英明です。」（四八：四）

④「かれらがあの樹の下であなたに忠誠を誓ったとき、**アッラー**は信者たちにご満悦でした。**かれ**はかれらの心の中にあるものを知って、かれらに静穏を下し、速やかな勝利で報いました。」（四八：一八）

六二八年、フダイビーヤの協定によりマッカ勢との和睦が達成された後、信者たちの胸には信心の誠実さが満ちていることを知り、アッラーは静穏を送られた。

⑤「あの時不信心な人たちは、心の中に傲慢の念を燃やしていました。（イスラーム以前の）ジャーヒリーヤ時代の無知による傲慢の念です。それで**アッラー**は、使徒と信者たちの上に**かれ**の静穏を下し、かれらに（**アッラー**を）意識する（篤信の）言葉を守らせました。これはかれらがその（言葉）にふさわしく、適切だったからです。**アッラー**はすべてのことを知っておられます。」（四八：二六）

以上の諸例をまとめると、静穏はただ静まり返るという意味での静けさではなく、常に動態に移行する活力を秘めており、周囲の状況を冷徹に知るための知力でもあり、真実に直結しそれに誠実たらんとする信心を増強させ、その真実で満ち足りるところから忍耐を生み出し、さらには不信と非信者を遠ざける働きをするものであるということになる。

静穏に関しては「天使に胸を開かれる」と題されてよく知られた預言者伝承があるので、その該当部分を記しておく。

「ある男がアッラーの御使いに、最初の奇跡的な体験はどのようなものだったかと尋ねると、御使いはこう答えられました。「私は自分の乳母の息子と子羊を連れて出かけたが食べ物を持ってこなかったので、私は彼に『お母さんのところから食べ物を持って来て。』と頼みました。彼は去って行き、残った私のところに鷲のような白い二羽の鳥が近づいてきました。そして二羽は私を捕らえ、仰向けにして腹を割りました。それから心臓を取り出して、そこから黒い二つの凝血を取り出しました。一方の鳥が相手の鳥に、『雪水を持ってきなさい。』と言い、雪水で私の腹の中を洗いました。そしてさらに、『冷水を持ってきなさい。』と言い、冷水で私の心臓を洗いました。次に、『静穏を持ってきなさい。』と言い、それを私の心臓の中に植え込みました。

さらに『縫い合わせなさい。』と言うと相手の鳥は縫い合わせ、その上に預言者の印を押しました。[26]」

さてこのような静穏をアラビア語のサイトで検索すると、膨大な情報がヒットする。その理由は、静穏が現代社会でもある種の信者の理想郷のように捉えられており、その心境を教育や政策の目標として掲げたいという気持ちが強く働いているからだと思われる。癒し系サイト、教育系サイトや、果ては政治社会系サイトでもサウジアラビアのテロ対策のため、宗教省指導の下で「静穏（サキーナ）・キャンペーン」という名称のサイトが運営されたりしている。また女性の名前としても、サキーナの言葉は生かされている。

（三）自然な信仰とその功徳

イスラームでは人は自然と宗教信仰へ向かうようにできているし、それは本来イスラーム信仰であったということになる。そうでなくなるのは、生まれて後の邪心、特に多神教のためであるという整理になる。そして一端イスラームを受け入れた人はすなわち兄弟であり、同胞として胸を開いて接することとなる。どの宗教であっても当然仲間意識はあるだろうが、以上のようなイスラーム信仰を共にするこころの暖かさは、固有のものとして特記されるものがある。

自然であるがゆえに、宗教は強制されるものではないとクルアーンでも謳われている。「この宗教（イスラーム）に、強制はありません。誠に正しい導きは誤りからはっきりと分かれています。」（二：二五六）

「あなたはかれらに強制してはいけません。**わたし**の警告を恐れる人たちを、クルアーンによって諭すのです。」（五〇：四五）

自然な信仰心を尊ぶということは、裏から言えばイスラームで学問は重要であるが、それより大切なのは至誠を尽くした純粋な信心そのものであるという感覚があるということになる。次のような逸話が伝えられているので、紹介しておこう。

著名な学者のファフル・アルディーン・アルラーズィー（一二一〇年没）がある日、街の通りを多くの弟子に囲まれて歩いていた時のこと、一人の老婆が反対方向からやって来た。そこで弟子たちはその老婆に、「このお方は他の誰でもない、一〇〇〇と一のアッラー存在の証を知っておられるアルラーズィー様だぞ、道を開けろ」と告げた。そうするとその老婆は、「一〇〇〇と一の疑いを持っていなければ、一〇〇〇と一の証しは必要ないはずだ。」と返した。それを聞いたアルラーズィーは頷いて言った。「アッラーよ、真の信仰とはこの老婆の信仰です。」と。

イスラーム信仰の心根は、和やかさであると言えよう。それは激しさや強引さとは全く逆の、たおやかな感謝と慈しみの気持ちである。一〇〇の学説や一〇〇〇巻の書物ではなく、それは静かに礼拝する人の姿や偉大な自然に、ふと教えられるものかもしれない。万物の主であるアッラーを思い、自分が生かして頂ける有り難さと、またそれを自らの周辺にも願う気持ちである。この心境が持続するために、消えざる灯火のような熱い情念も伴う。

巡礼の際の一大行事にカアバ殿の周りを七回めぐる儀礼（タワーフ）があるが、あの混雑と大渋滞の中で全行程を全うできた暁の感覚は、その人のこころを赤子のそれに戻すものがあるとされる。つまり再び純粋さを取り戻せるというのである。そのために時間をさかのぼるという意味で、当時の日時計とは逆の左回りになっているともされる。

こうして信仰は自然であると同時に、それは激しく希求されるものでもあると言わなければならない。信心を得た人の姿は、至らぬ自分を反省し悔悟するものである。だがそれは諦めるといった沈んだ気持ちではなく、新たな活力の誕生なのである。心は晴れて、自分の所在は白日の下で赤裸々に明らかとなっているのである。それ以上でもそれ以下でもない。日々是好日であり、迷いや憂いが霧散して一段の高みに立っているので、生また楽しからんということになる。

篤信の気力は信者の口から出る言葉ではなく、体全体のオーラに出ているといわれる。「信仰は単に口先の問題ではなく、太陽が光を放ちバラが香りを蒔くように、篤信が心に満たされ、その様が傍目にも分かるようになる。アッラーと預言者ムハンマドに対する愛情は強まり、それはその人の言動すべてに溢れ出てくることとなる。それは同時にアッラーに対する畏怖心でもある。[27]」

信仰は静けさであると同時に、激しさでもある。そこに偉大さ、美しさ、慈しみ、正義など、いわば人にとっての三大価値といわれる「真善美」のすべてが包含されているのだと心の髄に切り込むように鋭く感じ、納得させられ、そして感動するからである。さらにはそうすることで一層揺るぎない生きがいが感じられ、果ては死後の安全と幸福さえも可能になると感得できるからだ。つまり、救済されるのである。

そこで本章の最後に、このような人生観と信心の極致を示すと思われる言葉として、二〇世紀エジプトのイスラーム思想家の著作から二つまとめて挙げておきたい。

＊人生に関し方法論はあっても、それは何なのか、また何故なのかという本質論は把握できない。また人生は遺伝と環境という二大要因にほぼ既定されているが、これもアッラーの定めた法に則っている。人間を形成するのは、肉体・知性それと心（感性であり直感や霊感）の三要素だが、感性豊かに心の嗜好を高めることに真の幸せが見出される。そして人生最高の目標は、文明の害から逃れさせ宗教心を育む偉大な自然にも看取される絶対美に対する感動であり、それを通じて知るだろう絶対主に対する依拠と服従である。こうして何人にも賦与されている宗教心を育み高めることにより、人生の意味と真の安寧が得られる。(28)

＊不可視界の世界に属する信仰は、幻想ではない。それも人の天性の一部なのだ。可視世界は、聴覚、視覚、嗅覚、触覚、味覚の五覚によって認識する。しかし不可視世界の認識は、精

神的鍛錬による。そのためには直観を働かせることとなる。信仰の神髄は、本能的直観により内在世界の頂点に達することである。[29]

三、アッラーの道を求めて

アッラーの美称

万物存在の主である存在をイスラームではアッラーと呼ぶことは、日本でもすでに周知となった。しかしそれを目や耳にすると、いまだに相当な違和感を伴っているようだ。この違和感を払しょくして、不要な緊張感や警戒心のない状態でアプローチできるようにしたいものである。これがこの章の目的である。ムスリムにとってアッラーは、優しくも厳しいお方ということである。その上で、イスラームで説かれるアッラー認識（覚知）の手法やそれが単一のものであるとの教説を確かめることとしたい。この単一論こそは、一神教であることと同義であり、究極のポイントを示すことになる。

アッラーはムスリムにとっては、優しくも厳しいお方であり、それは真善美のあらゆる価値を包含し、全存在物と人間の究極の帰り所である。「イスラームのこころ」とは、言い換えればこのお方にしがみつく気持ちであると言っても過言ではない。クルアーンに言う、「……**アッラー**を信仰する人は、決して壊れることのない最強の取手を握りしめたのです。」（二：二五六）

このようにアッラーはイスラームの中軸であるにしても、そのままでは日本ではなじみが薄いので、違和感を持って受け止められる恐れがあるかも知れない。まずこの点についての是正や緩和策について一考した後に、アッラーを巡る伝統的なイスラームの見地を紹介したい。

（一）アッラーの中心性と違和感の払拭

イスラームのこころは、明けても暮れてもアッラーに集中している。それを敷衍《ふえん》すれば次のように言えよう。永遠の主であるアッラーにすべてが依拠している事実を明澄に認識して、日々の言動をその確信に基づかせること。そしてこのアッラーこそ、有形無形のすべての事物の根拠であり原因であり、それらすべての成り行きを決めて実施され、監視されているのである。人間にとって最終的な裁きとなる最後の日の審判も、その重要な一幕である。

こういう状態の表現としては、アッラーを愛すると言われる。ここで愛するとは、アッラーを意識し、敬い、そして従うといった三側面を含む。その延長としては、クルアーンの上には物を置かないとか、礼拝の方向には足を向けて寝ないといった礼儀作法の世界にも種々の教えが展開される。

他方、いきなりアッラーだけに集中すると日本では違和感を持たれるかもしれないので、それを本書第一章では宇宙の総指揮者と言い換える表現も試みた。しかし実態は変わりない。正面から捉えると、要するにアッラーを知ることがイスラームであるということになる。それがアッラーの覚知論である。アッラーの偉大さの前では人は謙譲の美徳を知り、その広大な慈悲に触れてそれが自らの周囲にも行き渡ることを願うのである。それが人の情けである。また他に同類も存在せず、アッラーと並べられるような存在はそもそも全くありえない。こうしてアッラーの単一性と、その逸脱であり違反行為である並置（シルク）論が起ることとなった。

ちなみにアッラーというアラビア語の名称の語源については、いくつもの解釈がある。それは固有名詞であるという主張もあるが、より広く支持されているのは、定冠詞のアルが神という言葉のイラーフに続けられて、アルイラーフとなる。そしてそれがアッラーと発音されるようになったというのである。このような話も、いきなりアッラーという言葉に直面する際の違和感を緩和するかもしれないと思われたことである。

さらに一つ違和感軽減のために追加したいことは、日本と比較してのイスラームにおける人間存在に関する感覚の違いである。わが国の場合、宇宙や存在の始まりについて深刻に考える風潮は古来あまりなかった。その最大の理由は、仏教的な生々流転、あるいは因果関係の連鎖として縁起の法則の中で発想することが一般的だったからであろう。そこからは、物事に逆らわない従順な姿勢が導かれ、協調性重視の伝統も育まれてきた。非常に静態的である。

ところがこれと真逆なのが、絶対主による天地創造を説く中東の一神教の発想である。「有れ」という一言の命令で、すべてが創り出され、存在してきたのである。だから無から有への変化がまずあって、次いでそこに有ってはならないものを排除することとなる。非常に動態的である。

イスラーム諸国ではこちらの顔を覗き込むようにして、「日本人はこの不可思議な身体はどうして有って、一体誰が何のために創ったと考えるのかね?」と聞かれることがよくある。その度に、日頃思いもしない問題だけにドキッとして、彼らの意識の方向が存在の第一原因であり、無から有を創る主へ向かっていることに気付かされるのだ。このように生活感覚からして、第一原因を模索するパターンであって、それがアッラーを奉る土台となっているのだ。

そこが日本にありうる違和感、もしくは異質感の原点であろう。またしばしば言われることは、日本では八百萬（やおよろず）の神であり、汎神論に近い感覚が支配的なので、アッラーのような一神教にそもそもなじめないといった風土論である。イスラームでありアッラーの本当の理解は、机上の神学論争ではなく、どうもこのような風土論や物事の存在感といった土台までさかのぼる必要があるのだろう。

そのように異なる価値体系の世界に頭を切り替えられるかどうかという課題であるが、同種の問題はあらゆる異文化理解に随伴するものである。どのように土台が異なっていても、あるいは風土や環境が違っていても、全体をブロックで積み上げるように丁寧に整理し直して、アプローチすることとなる。その意味でアッラーの明晰な認識は、決して特殊な課題ではないということになる。

（二）アッラーの覚知論

アッラーをしっかり認識したいという願望は、当然ながらイスラーム教徒の間には強くある。そのため神秘主義では恍惚状態になるまで踊り続けたり、舌を口につけずにアッラーを唱え続けるといった特殊な方法が編み出されたりもした。あるいはアッラーは光だと言われる(二四:三五)ので、礼拝堂のドームから差し込む一条の光を床の上に横になって眺め続ける人もいる。思考によるとされる理性的な覚知の方法として、著者がまとめるところ、以下のように五つ列挙される。

①自然美の称賛

自然界の広大にして微妙繊細な調和と規律に、不可思議さや驚愕を覚えない人はいないだろう。クルアーンにも、人がアッラーを覚知するのに格別の苦労はなく、周囲に満ち溢れている自然界そのものが十分な証であると説いた箇所は多数ある。

「本当に諸天と地の創造の中には、また夜と昼の交代の中には、思慮ある人たちへの印があります。」(三:一九〇)

次いで、少々長いが次の節を引用しておこう。

「六〇.誰が諸天と地を創造したのか。また誰があなた方のために空から雨を降らすのか。それでもって、**われら**は喜ばしい果樹園を茂らせます。あなた方がその樹木を成長させるのではありません。**アッラー**の他の神が(そうする)のですか。いや、かれらは道を外れる(同位を配する)民なのです。六一.誰が大地を堅固な住みかとし、そこに川を設け、また山々をしっかり設け、二つの海（淡水、塩水）の間に障壁を設けたのですか。**アッラー**の他の神が（そうするの）ですか。いや、かれらの多くは知らないのです。六二．窮地にある人が祈るとき、誰がかれに応え、誰が災厄を除き、誰があなた方を地上の後継者とするのですか。**アッラー**の他の神が（そうする）のですか。あなた方は少しも留意しません。」（二七：六〇－六二）

②天性（フィトラ）はアッラーの証

天性の存在もアッラー存在の証と見られると同時に、この天性でもってアッラーの存在を覚知するに十分だというのである。つまり格別教えられなくても、人は超越した存在であるアッラーを呼ぶ（唱える）というのである。

「災厄が人を襲うとき、かれは横たわっていても、座っていても、立っていても、**われら**を呼びます。でも**われら**がかれから苦難を除くと、かれを襲った災厄のため**われら**を呼んだことがなかったかのように振舞います。」（一〇：一二）

③人の生涯の不可思議さはアッラーの証

人の生涯には、さまざまなことが起こる。予期したもの、そうでないもの、好ましいもの、そうでないものなどなど、実にそれは万華鏡を覗くようだ。これらの諸経験の堆積がいかにも不可思議な糸で繋がれていることを落ち着いて素直に顧みる時、その人をしてアッラーの存在の真理に導くのである。幼年期は一人っ子で育ったが、その間に覚えた料理の手腕で立派な板前に育ったような筋書きである。こうして人の生涯の道程をよく顧みる人は、アッラーの絶大な力と深謀配慮に納得させられることとなる。

④信者への導きはアッラーの証

次にアッラー存在の証となるのは、信者はそうでない人たちよりも、知識欲、礼儀作法、心の清純さ、善良さ、犠牲心、物事に対する熱心さ、人に対する奉仕や同胞心などの諸点で、優れた人柄と気性の人となるということがある。そこにアッラーの存在に気付かせられるのである。信者はその綱にすがって引かれて、そしてその結果、言動において非信者とあるいは不信であった当時の自分とは、明らかな違いを見せ始めるのである。

「そのような信仰する人たちは、**アッラー**を唱念することで、心は安らぐのです。実際、**アッラー**を唱念することにこそ、かれらの心の安らぎがあるのです。」（一三：二八）

「**アッラー**が胸をイスラームへと開いて従うようにし、主からの御光を受けた者がいます。だから、災いなるかな、**アッラー**を念じるのに心を固くする（啓示を拒む）者こそ、明らかに迷える者です。」（三九：二二）

⑤諸預言者への啓示はアッラーの証

選ばれた人たちである諸預言者たちは、アーダムの時代からムハンマドの時代に至るまで、一貫して人々にこの存在世界には称賛すべきアッラーがおられることを教え諭してきた。このように多数の民族にそれぞれの預言者が遣わせられてきたこと自体も驚くべきことで、それはアッラーの差配によっている。しかも彼らには、その預言者という名称が示すように、アッラーの言葉を預けられたのであった。

「**アッラー**が、人間に（直接）語りかけられることはありません。啓示によるか、帳《とばり》の陰からか、または使徒を遣わすかして、**かれ**の許しの下で、**かれ**はそのお望みを明かします。確かに**かれ**は、至高にして英明であります。」（四二：五一）

この節から、啓示には三種類あるとされる。

第一は、人の心にアッラーが投げかけられる覚醒や示唆の類である。これには聞こえる言葉はなくて、たとえば預言者イブラーヒームが、息子イスマーイールが犠牲に付される夢を見たようなものである。これが上の節の、「啓示によるか、」というところに相当している。第二は、見ることはないが、聞くことができるアッラーからの声である。この種のものは、審判の宣告（二〇：一一－一六）やエジプトでフィルアウン（ファラオ）と闘う命令（七九：一七－一九）など、預言者ムーサーが多く聞いている。上の節の、「帳の陰から、」というところに相当する。第三は、姿も見えて声も聞こえる天使を遣わされて伝えられる、アッラーの言葉で、天使ジブリールが預言者ムハンマドに伝え降ろした啓示がこれである。上の節の、「または使徒（天使）を遣わし、彼が命令を下して、そのお望みを明かす。」の部分に相当する。

（三）アッラーの美称

次いでは感覚的な覚知法である。それはアッラーの九九の美称といわれる称賛のための名称があるが、それらを唱念し心で玩味することで、アッラーの偉大さや素晴らしさを感得するという手法である。多岐にわたり、アラビア語では大部の二巻本になるくらいの分量になるので、ここではその概要を説明することに留めざるを得ない。

ところですべての美称は本質を臨むために設けられた小窓のようなものであり、意識を俊敏にしてアッラーの威光を眼前にしようとするときに、その前に視野が開かれることとなるのである。クルアーンからいくつか引用する。

「言いなさい。**アッラー**を呼びなさい。または慈悲深いお方を呼びなさい。なんと**かれ**を呼んでも、最善の美称はすべて**かれ**に属します。」（一七：一一〇）

「**アッラー**、**かれ**の他に神はいません。**かれ**にこそ最上の美称はあるのです。」（二〇：八）

「そこで（夜は）あなたの主の御名を唱え、**かれ**に尽くすことに没頭しなさい。」（七三：八）

九九の根拠は、真正なものとして伝えられる預言者伝承にある。

「アッラーには、九九の名称があり、それらを数えた者は天国に入ることとなる。」

この伝承はアルブハーリー（没八七〇年）及びムスリム（没八七五年）の真正伝承集に伝えられている。[30] そして実際に九九の名称をすべて整えて提示したのは、中央アジアの伝承学者アルティルミズィー（没八九二年）であった。

その美称は、内容的に主として八種類に分類される。そのうち①〜⑥は、クルアーンに直接出てくる美称である。⑦、⑧は、クルアーンから派生したものである。

①本質関連：神聖者、真理者、永生者、自存者、唯一者、永遠者、始原者、最終者、富裕者
②創造：造形者、生成者、創造者、独創者
③慈愛：慈悲あまねき者、慈悲深き者、平安者、信仰を与える者、赦す者、恩寵者、糧を与える者、繊細者、優しき者、恕免者、感謝者、広大無限者、愛情者、美徳者、免ずる者、寛恕者、慈愛者
④荘厳：比類なき強者、制圧者、偉大者、征服者、無限大者、至高者、至大者、寛大者、

荘厳者、強力者、強固者、被称賛者、顕現者、超越者、尊厳と恩寵の主
⑤全知：保護者、全知者、全聴者、全視者、知悉者、監視者、英知者、目撃者、内奥者
⑥全能：主権者、開示者、裁定者、護持者、扶養者、決算者、代理者、援護者、全能者、統治者、権能者、優先者、復讐者
⑦クルアーンから派生（アッラーの行為や性質）：掌握者、拡張者、上げる者、称える者、辱める者、応答者、復活者、計算者、開始者、再生者、生を与える者、死を与える者、高貴者、大権主、集合者、供与者、禁止者、先導者、永続者、相続者
⑧クルアーンから派生（アッラーに関する意味・含蓄の言及）：下げる者、正義者、尊厳者、発見者、猶予者、公正者、加害者、裨益者、光者、善導者、忍耐者

ここで美称に関して、いくつか留意すべき事項がある。

まず九九の美称があるといっても、それらの名称は結局ある一つの存在を指しているものであり、別々にあるのではないということである。この美称全体としての単一性ということは、アッラーに関する絶対の創造者としての単一性、ついで信者にとって崇拝の対象である主としての単一性と並ぶ、第三の単一性として位置づけられる。

次に留意するのは、美称はそれで打ち止めであるという点である。つまりそれ以上に増やす

こともありえず、それ以下に減ずることもありえないということ。人にアッラーの名称を新たに考案するほどの力は与えられていないと観念する必要があるのである。

「言いなさい。わたし（ムハンマド）の主が禁じたことは、表に現れていようが隠れていようが、わいせつな行為であり、また（特に飲酒の）罪、不当な迫害、**アッラー**が何の権威も授けていないものを同位に配すること、そして**アッラー**について、（啓示に関する）知識もないのに、あなた方が口にすることです。」（七：三三）

他方でアッラーを称賛する用語は本来、九九に限定されるわけではないことも留意しておきたい。実にアッラーが広大無限である以上、美称の数は無限であると解される。そのうち人に教えられた名称として、九九あるという理解である。ちなみに九九という数字は無限を示唆するとされる。

なお大半の美称は、その呼称からして意味は判然としている。またそうあってこそ、アッラーを覚知するのを助けるための小窓の役目を果たすことになる。ただし幾つかは、かなり慎重に美称の意味するところを汲む必要もある。例えば、感謝者はアッラーにおいては、帰依する人を嘉して報奨や恩寵を与えられることであるので、通常の意味の感謝ではない。あるいは、美徳者はアッラーにおいては、帰依する人に十倍の報奨を与えて、赦しを乞う者を免じて赦されることを指している。このように人間についての場合とは異なる意義を与えられることもあり、そのような場合にはアッラーの美称としての意義を理解する必要がある。

なお以上のようにすべての美称をそれぞれ丁寧に見ようという作業は、イスラームを語りアッラーを知る上に当然の基礎作業であり、アラビア語では何千頁に及ぶこととなる。しかし日本では、そのような本格的な研究や解説はまだこれからである。(31)

（四）アッラーの単一性

アッラーは単一（タウヒード）であることを覚知の中軸に置くこと、それは一神教そのものであり、その真骨頂である。このタウヒードとは辞書的には、統一する、あるいは単一化すること、という意味であるが、信仰上の意味内容としては、美称の関連ですでに軽く触れたが、その意義を大きく三つに分けて捉えることとなる。

第一の側面は、アッラーは万有の創造者として単一であるということ。

「二六．言いなさい。**アッラー**よ、王権をつかさどる方よ。**あなた**は御心のまま人に王権を与え、**あなた**は御心のまま人から王権を取り上げられます。また**あなた**は御心のまま人に名誉を与え、**あなた**は御心のまま人に恥辱を与えます。善いことは**あなた**の手中にあります。本当に**あなた**は、すべてに対して全能なのです。二七．**あなた**は夜を昼の中に入らせ、昼を夜の中に入らせるのです。**あなた**は、死から生をもたらし、生から死をもたらします。**あなた**は御心に

かなう人に、限りなく糧を与えるのです。」（三：二六、二七）

「六二．**アッラー**は、すべてのものの創造者であり、またすべてのものの管理者です。六三．諸天と地の鍵は、**かれ**の有（もの）です。**アッラー**の印を拒否した者こそ、失敗者なのです。」（三九：六二、六三）

第二の側面は、アッラーは崇拝の対象である主として単一であるということ。絶対的に超越している存在は、独り崇拝されることを求める権利を持っていると言えるが、その対象が複数あることは、すなわちそのいずれもが絶対的超越を維持できなくなる。この相反する関係については、信者でなくても理解できるはずだ。アッラーに同列者を並置することや他の対象を崇めることは不信にほかならないし、また預言者を遣わせて人類に伝えようとされたのは、まさしくこの一事実に他ならなかったのであった。

「言いなさい。（わたしの方に）来なさい。わたし（ムハンマド）は、あなた方の主が、あなた方に禁じたことを読み聞かせましょう。**かれ**に何ものも同位を配してはいけません。」（六：一五一）

「確かに**われら**は、すべての共同体に使徒を遣わし、**アッラー**に仕えて、邪神を避けなさいと（命じました）。それでかれらの中には、**アッラー**が導いた人もあり、また、迷誤が当然の人もありました。だから地上を旅して、（真理を）拒否した人の最後がどのようであったかを見な

さい。」（一六：三六）

前述した、アッラーは万能で単一の創造主であることは、それ自体が崇拝の対象としてのアッラーの単一性を必然にするものである。なぜならば、アッラー以外は崇拝するに値しないということになるからだ。イスラーム初期には、創造主の単一性を認めても、礼拝の対象の単一性を認めない人々もいたのであった。しかしそれでは、証拠があるのを認めてもその証拠が証明する事柄を無視するようなものであると、イスラームでは説明する。

「もしあなたがかれらに、誰がかれらを創ったのですかと問えば、必ず**アッラー**と言う。それなのにかれらはどうして（真理から）迷い去るのでしょうか。」（四三：八七）

第三の側面は、アッラーは偉大なりといった九九ある美称や、アッラーに関する手、顔、その他種々の行為や特質といった属性はバラバラで別々ではなく、単一であるということ。なぜならアッラーは完璧なあらゆる属性で語られ、欠けるところのあるあらゆる属性からは縁遠いものであるが、そういう状態にあるのはあらゆる存在の中でただ唯一であるからである。クルアーンに出て来るか、あるいは預言者ムハンマドが言及して確認されたあらゆる美称や属性を、そのまま全体として信奉することが求められる。

「**アッラー**に最もすばらしい美称は属します。だからこれら（美称）で、**かれ**を呼びなさい。」（七：一八〇）

人間がアッラーと同じ美称や属性の用語を使用したとしても、それだけでは何ら同列に配したことにはならない。事実、アッラー自らが人間にそのような用語を使用されたという事例は、クルアーンに出てくるところである。

「かれ（イブラーヒーム）は、かれら（賓客）が薄気味悪くなり、心配になりました。かれらは恐れないでと言い、やがて、かれに賢い息子が授かるであろうとの吉報を伝えました。」（五一：二八）

「賢い」とは美称の一つであるが、上記でその美称と同じ用語で形容された人物は、次男イスハークである。

「一〇〇．わたしの主よ、正しい人（息子）をわたしに授けてくださいと。一〇一．それで、**われら**は寛容な男の子の吉報（懐妊）を伝えました。」（三七：一〇〇、一〇一）

「寛容な」というアッラー自身の美称と同じ用語が使用されて形容されたこの人物は、長男イスマーイールである。

なお付言するとタウヒードは根本的な問題であり、それだけに古来多くの人がさまざまな見解を提示してきた。論理的な神学を進めたムウタズィラ派は、アッラーには本質しかないので、一切の属性は比喩的に理解すべきだとした。例えば、手は力、玉座に座るとは支配を指すといった調子である。それに対して論理一点張りでは人心が離れるので、その弊害を克服しようとしたアシュアリー派は、アッラーと人とは元々別世界のものであり、アッラーの属性もそれを前提に理解すべきであり、従って本質も属性も存在するとした。さらには美称も属性も否定する一派（ジャフム派）、あるいは美称と属性を被造者に使用している諸例があるので、一部を否定する派（マートゥリーディー派）などが出てきた。

結局のところアッラーに使用された美称や属性の用語を理解するのは、それらは絶対主のために使用されているという前提で見る必要があり、それらはそもそも人間世界の意味内容とはかけ離れたものであると理解するということになる。

「何も**かれ**に似たものはありません。」（四二：一一）

（五）アッラーの並置論

並置するとは、アッラーと同等あるいは同類の存在を認めること（シルク）である。どうしてどのような場合に、どのようなシルクが生じるのか、あるいは生じやすいのか、かまびすしく議論が重ねてこられた。まず並置は最大のアッラーに対する不正である。

「さてルクマーンが、かれの息子に諭して言ったときです。息子よ、**アッラー**に同位者を配してはいけません。同位者を配することは、真に重大な不正なのです。」（三一：一三）

「本当に**アッラー**は、**かれ**に並置されることは赦しません。でもそれ以外のことについては、

御心にかなう人を赦されるのです。**アッラー**に並置する人は、誰でも大罪を犯しているのです。」（四：四八）

そしてそれは最大の不正として、地獄行きは必定であり、それまでにあった善行などは全て帳消しになる。また地獄での嘆願は聞き入れられることはない。

並置の種類としては、大小の区別がなされる。大並置は、イスラームの範囲外に出てしまい地獄に永遠に住むことになる。小並置は大並置以前の段階で、館（信仰共同体）からの追放はなく、地獄へ行っても永住が決まっているわけではない。また無効になるのは当該の行為だけであり、それまでの全てが帳消しになるわけではない。並置の諸例としては、概ね次の通りである。

・預言者ムハンマドが挙げた主な並置発生の注意点

表現方法として、例えば「アッラーとあなたが望まれるならば。」と並置はしないで、「アッラー、次いであなたが望むならば。」として、アッラーとそれ以外のものを区別すればよい。あるいは、「アッラーに平安あれ。」といった表現は、アッラーと人間の関係や立場を踏まえていない。また「お望みならば、どうかお赦し下さい。」も同様であり、アッラーが望まれるかどうかは、アッラーの自由にされる専権事項であり、願いは直接それを言えばいいので、「お望みならば」とまで言うのは余計な口出しであり、やはり立場をわきまえていないということになる。

事例としては、よく見られる墓の石碑や、ドームなどでの飾りは控えること。また墓廟を礼拝堂にしないこと。また太陽信仰につながる恐れがあるので、太陽の動きに合わせた礼拝時間としないこと。また崇拝のための旅は、マッカ、マディーナ、エルサレムに限ること。さらに預言者といっても下僕に過ぎないから、イエス・キリストについてされるような称賛を自分（預言者ムハンマド）に関しては避けること。これは教友に関するあらゆる誇張も同様である。「**アッラー**に、すべての称賛を捧げます。**かれ**は、**かれ**の僕にこの啓典を啓示した方です。」（一八：一）

・さらに実際に観察される諸例として、以下が挙げられる。

彫刻、銅像や浮き彫りなど。他方、写真、絵画、録音された音声なども、シルクに該当するとの考えは現在では薄まった。幸運の輪や糸を巻くこと。あるいは、魔除けのお守りを付けること。クルアーンの小さい一部をぶら下げることについては賛否両論あるが、それ以外の物を身に付ける可能性を大きくすることもあり、否定的に見られる。樹木、遺跡、祠などを恵みの源泉として見なして、崇拝行為をすること。これは大並置に当たる。また占いや魔法の類、神経を麻痺させる薬物を使ったりすることも含まれる。また星占い、手相判断など。また雨が降ることやその他一般に幸いな事柄を、アッラー以外の配慮と恵みに帰して感謝することなど。

四、信心の諸相

啓示の降りたヒラー山

信仰が人の営みである以上、それはいつも揺れ動いている。盤石の揺るぎない信心というのが理想ではあっても、現実問題としてはそのような境地を維持することは、努力をしてもなかなか達成できないのである。ここではそのように揺らぐ信心の実態を訪ねてみたい。まずイスラームでは伝統的に信心の三段階と言われるものがある。それは強弱、深浅の三段階であるが、自己診断に役立つだろう。その後は、中世と現代のムスリム識者たちの随筆を通じて、古今東西の信仰の諸相を確かめる。それらは現代日本と照らし合わせても、興味尽きないものがある。

アッラーの道を求めて日々邁進することが、すなわちイスラームの信仰に精進することである。それについては揺るぎないとしても、現実の人間生活は万華鏡であり、日々動揺し続けているのが実際のところである。そこで信心の諸相を探る意味がある。それは自分の立ち位置を定めるのに役立つであろうし、多くの場合、反面教師となるかも知れない。

（一）信心の三段階

イスラームにおいて古来伝承されてきた見解として、信仰の三段階というものがあるので、まずはその内容を紹介し把握しておこう。この三段階とは、次のように説かれる。

第一には、言動で教義に則ること（宗教としての名称と同様に、イスラームと言われ、その意味は服従すること）。次には内心の問題として信仰箇条をしっかり確立し順守すること（信仰を意味するイーマーンの用語で呼ばれる）。これが狭義の信仰と言われている部分である。

第三には、信心に基づきあらゆる善行を積むと同時に、常にアッラーを身近に感じる最も敬虔な段階（イフサーンと称され、善行三昧である）。これが最も熟した完成度の高い信心のあり方として位置付けられる。預言者伝承に次のようにある。

「……「イフサーンについて述べよ」と問われたのに対し、預言者ムハンマドは答えて言った。「あたかも目前に座すかのようにアッラーを崇めることです。あなたにアッラーのお姿を拝することが出来なくても、アッラーはあなたを見ておいでになるからです。」と。」(32)

この伝承が膨大な伝承集全体の一番初めに出てくることも見逃せない。それほどに高い意識をもって受け止められていることは、その一事だけからも自明であろう。この三段階論はイスラームの伝統的な整理であるとしても、日本人としての実感に即して考えてみることも可能である。信心を入信の様子から観察し、信仰を確認する次の段階に移り、最後に信仰の頂点を極める段階へと、いわば時系列に配して捉えてみることにしたい。それらを仮に、入信、確信、極信と呼ぶこととする。これも信心の生育を描写し、それぞれを理解するのに役立つかと思われる。

①入信

入信のあり方としては、イスラームの場合圧倒的に幼年時の教育及び生活体系全体に導かれるケースが多いと言えよう。幼年時のコーラン教育は、単に暗誦だけではなく、信仰生活の雛形を見聞きする場も提供してきた。生活習慣全体の中でも、信徒間に流れる固有の親密な人間関係は、信仰のもたらす最も甘美な側面として信徒を強く惹き付けてきた。礼拝の後には周囲の人たちと兄弟として握手し抱擁し合い、また毎年のマッカ大巡礼では三百万人強の信徒が白衣に包まれて、一緒に礼拝し諸行事に参加するのである。そこは大都会の人間砂漠とは全く反対で、自然の砂漠地帯の中で繰り広げられる最も人間的な大感動の舞台であると言えよう。

イスラームの入信は、信仰告白をすれば済むということがある。即ち、「アッラーをおいて他に神はなく、ムハンマドはアッラーの使徒である」と証言すれば、まずは五行の第一関門はパスである。またイスラームは「寛容の宗教」であると言われる。断食も無理のない範囲で出来るだけ行うのが趣旨である。その他、勤行の規範が一般に柔軟なことは、一端入信した者の事情に合わせて、伸び伸びと信仰を維持できるようにさせたと言えよう。

著者は一時、世界のイスラーム教徒の増加もあり、その入信の状況をもっと知りたいと思って、種々調べてみたことがあった。しかしそれはあまり成果が上がらなかった。その一因は以上に見たように、イスラームの入信過程は生まれながらの自然であるか、あるいは極端な精神的葛藤を伴わないケースが多いことと関係しているのであろう。つまり他宗教に比べて、語り継がれるような入信物語がイスラーム初期の強情な多神教徒の場合などを除いては非常に少ないのであった。

②確信

次いで確信の様子はどのようなものであろうか。これも信徒各自により、千差万別であろう。また同じ人物がさまざまに変る万華鏡のような心の移ろいを経験するのであろうから、文字通り無定形であるとしか言いようがない。日々の勤行を努める中でもそのような変化は起こっているはずなのだ。

確信の一つの中心は、アッラーの存在とその無限の力を垣間見ることであろう。その昔、スペインのアルハンブラ宮殿の天井から射す繊細な光の束を、床に横になって見上げながら信徒はアッラーを思ったという。前世紀エジプトの碩学、アフマド・アミーンの『自伝』には、彼が幼い頃からアッラーが奇跡を行って見せてくれた夢を見たことや、アッラーの光で自分の部屋が満たされた夢を見た時の様を描写するところがある。(33)

また彼が信仰と見解の違いについて次のように言っているのは、信仰の確信段階に特に妥当する点として参考になる。

「一つの見解を持って考えるということと、信じるということとは大変に異なっている。見解はあなたの知識の枠組みに入る事柄である。信じるということはあなたの血を流れる事柄である。それはあなたの骨の髄に入り込み、あなたの心深くに潜入するのである。(34)」

③極信

最後に極信であるが、信仰の頂点を極める段階である。イスラームにおいては僧侶階層がなく、信仰の深浅にレベルの違いがあるという考えが、元来はっきりあったわけではなかった。初期によく争われたのは、内心でアッラーを否定する者をどう考えるか、あるいは罪を犯した者も信徒でありうるのかといった論点の議論であった。つまり信徒であるのかないのかが、共同体の一員として認められるかどうかという深刻な問題として取りざたされたのであった。

しかし時間の経過と共に、そして信仰に熱が入れば入るほど、信仰のレベルが争われることとなるのは、むしろ自然なのであろう。いわゆるイスラームの神秘主義においては、この段階論が華やかに行われて、各段階を示す称号が与えられたほどである。

これほどに顕在的ではなくとも、誰しも一層程度を高めたい、そして頂点を極めたいという願望を持つものであろう。この究極感をどのように表現すべきか、定義があるわけではない。一つの表し方としては次のように言われることがよくある。

即ち、一元であるアッラーの差配を万物に認めることができるようになることである、と。この一元感こそは、究極のアッラー認識であるとされ、自ら自身もその一端として、アッラーの嘉しに包まれることこそは、至福であるとされる。このようにアッラーの存在をいつも身近に感じ取れる状態が、既に見た善行三昧（イフサーン）の段階である。

アラビア語では禁欲者（ザーヒド）あるいは帰依者（アービド）という言葉で、信仰一途の人を呼ぶことがある。日本語であれば浄土教でいわれる、念仏三昧の妙好人に当たるのかも知れない。朝起きてから、夜寝るまで、口をついて念仏を唱えている人で、江戸時代以来著名な妙好人列伝が、種々編まれて出版されてきた。ちょうどそれは、アラビア語でも禁欲者列伝が刊行されて、またかれらの言動がさまざまに記録されてきたことに対比される。

（二）黄金期イスラームの実態

信心の諸相を見ることの延長として、今まで記されてきた実例をイスラームの賢者たちの随筆にその諸例を見ておきたい。それはわれわれの経験知を広げてくれるだろう。

まずはイスラームの全盛期とされる、一二世紀アッバース朝時代の高名なイスラーム説教師であり法学者のものである。

①乾パンが昼食

「私は自分が求めて望んだために、知識を求める甘美さにどんなきついことが含まれていても、それは蜂蜜よりも甘いものとなったのであった。子供のころは、ハディースの勉強のために乾いたパンを一切れ持って家を出た。そして（旧バグダッド近郊の）イーサー川のほとりに座ってしか、それを食べることはできなかった。というのは、一口食べては川の水を飲んでいたのだ。その時でも私の目は、知識の獲得に燃えていた。その成果は、預言者伝承や預言者（アッラーの祝福と平安を）の事情とその作法、あるいは教友や従者たちのそれらを多数聞いて、私はすっかり預言者の道に関しては、イブン・アジュワド（彼の名前は川と同じでイーサーだったので連想したのであろう。彼はアラビア半島ナジド地方の初期の法官）のようになっていたのであった。(35)」

今でいうと厳しい受験勉強をしているような禁欲的な生活の中で、イスラームの学習に励んだことが分かる。家はそれなりに裕福な家庭であったが、それでも今では考えられないほどの生活レベルであったようだ。

②権力者から離れろ

「裁判官や語り部は、生活が苦しくなるとすぐに支配者の下へと逃げ込んでしまう。それは金銭目当てだが、支配者は現世を正価で獲得することもなければ、あるいはその正価で支出することもない（盗んだり、悪用したりする事）。……

学者が直面する初めての問題は、知識による収入が得られないということであろう。ある正当な信者が、ヤハヤー・ブン・ハーリド・アルバルマキー（八六〇年没、ハールーン・アルラシード治世の大臣）の家から男が出てくるのを見た。そしてその男が言った。「益をもたらさない知識から、アッラーのご加護を祈る。」その学者は、禁止されたものを見ても拒否せず、不正に得られたものを食べるので、その心は封じられ、至高なるアッラーとの甘美さもなくなり、誰も彼から指導を仰がなくなった。……

私は生涯を通じて俗欲を捨てて、現世の喉の渇きに耐えた人びとのために犠牲になるのである。彼らは死後、喜悦の飲料を飲み干すし、彼らの事績は語り継がれ、その物語は心の渇きを潤し、そのカビを磨き落とすのである。……

忍耐にも忍耐を、支援され成功する者よ、現世で栄える者を羨《うらや》むな。そのような富を考えれば、あなたはすぐに信仰の門から見たときには、それは狭いものだと気が付くだろう。また自分に解釈上甘くすることなかれ。この世のあなたの生涯は短いものだ。……もし忍耐の緒が切れそうになることがあれば、禁欲者たちの話を読むといいだろう。もし心に関心と覚醒が残っているならば、それで教えられ、恥じらいを覚え、あるいは破滅させられるだろう。[36]」

知識を売るのは、信仰も売っていることになるとの戒めである。

③説教を聞いてもダメな人

「説教を聞いて心が目覚めても、それが終わるとすぐに心は堅くなり、不注意が舞い戻ることがある。人の心はさまざまであるが、説教の前後で変わるのには、二つ理由がありそうだ。一つは、説教は鞭打ちのようなもので、それが終わればその痛みは消え去るということ。もう一つは、説教を聞くときの人の心身の状態は、世俗から離れて没頭しているが、それが終了すると雑事にまみれるのである。そこで正しい姿勢から離れることとなる。

これが多くの人の場合であり、目覚めの影響がどのように残るかは、人によりけりなのである。人によっては全く迷わずに、確固とした姿勢を保つ。そうする場合は性格からして、たとえそうすることが邪魔な障害となってでも、そうするのである。ハンザラ（・ブン・アビー・アーミル、六二五年没、マディーナ住民で預言者ムハンマド支援者）という男は、自分は偽信者（説教で自戒の念が湧いたため）だと言って自分を責めたことがあった。

そうかと思うと羽毛のように風に舞って、性格上時に不注意となり、あるいは時に説教通り行動する人もいる。あるいはまた、石の上の水がなくなるように（すぐ流れ去るが）、耳にした分量だけは遵守する人たちもいる。[37]」

説教の効果は人さまざまのようだ。少々ユーモラスに描かれている。

④学問の目的は、アッラーを愛すること

「人によってはクルアーンの読誦法に没頭して、それだけで一生を浪費する。その人は主な流儀に依拠しておけばいいのであって、枝葉に拘る必要は毛頭ないのだ。読誦者が法学のことを聞かれて、何も答えられないというのは何とも情けない話だ。読誦法がさまざまあることに、忙殺され過ぎているのだ。

　人によっては文法学や、さらには言語学だけに没頭している。あるいは預言者伝承を集めては書き立てて、少しも何が書かれているかについて頭を巡らせていない。伝承学の大家で礼拝に関して聞かれて、何も答えられなかった人もいる。それは読誦者、言語学者、そして文法学者についても言えることだ。……だから必要なことは、まずそれぞれの諸学より少しずつ学んで、その後に法学を学ぶことである。そうして諸学の目的を知ること、つまりその目的とは、至高なるアッラーを学び、その覚知（認識）を果たし、そしてアッラーを愛することである。

　星についての知識で一生を棒に振るのは、全く馬鹿げている。それは少々学び、時間を知るようになればいいのだ。（星占いで）運命や判断などと言われることは、無知以外何ものでもない。それらを実際知ることはありえず、試みても彼らの無知をさらけ出すだけである。……化学に専念するのも馬鹿げている。それは全く夢想であり、黄金が銅になることがないと同様に、銅が黄金になることもない。それをしようとする人は、人々を硬貨に関して惑わせるだけである。もちろんそれが、その人の目的であるかも知れない。……権力者には用心して、預言者（アッラーの祝福と平安を）と教友と従者の道のりに関心を払って、精神の鍛錬に励みつつ、知識に則る行動を取らねばならない。真実に従う人は、彼を真実が支援するのである。[38]」

勉学の目的はアッラーを覚知することと明言している。諸学の百貨店に目を奪われないようにと、アッバース朝の時代にも警告が出されていたのだ。

（三）近代社会の悩み

次いでは近現代であるが、それを二〇世紀エジプトのイスラーム思想家アフマド・アミーン（一九五四年没）の随筆集に見てみよう。何世紀経っても物事の本質は判明しないままであり、人生の目的も何も判明しない。それはいわば、世紀の憂鬱である。他方、科学の進歩は目をみはるばかりで、それは直ちに宗教への挑戦と受け止められた。どのようにして宗教はその存立基盤を正当化できるのか。そして世界大戦という人間の将来を疑うこととなる惨状を目前にして、宗教自身は一体どうなるのか。信仰心の立場と役割は何か、こうした疑問が近現代社会の悩みとなるのである。

①知ることと知らないこと

「よく知らない人が知っているといい、よく知っている人が一番知らないと言う。無知な人や、あるいは逆に識者でもその多くは、何でも簡単明瞭で、理解や解釈もできるとする。しかしこの存在について、何が分かっているのだろう。その外側しか、われわれは知らないのではないか。その真実や深みについては、ほとんど知らないのだ。いつこの戸惑いが終わるかを知っているのも、神だけなのだ。……

そこで次の質問が出てくる。「人間はどうしてこの世に存在するのか?」それは解くことができない謎に包まれている。人は物質の外側を知っても、その核心を知ろうとすると、当惑するのみである。物質の裏側の神的な部分に関しては、ますます当惑することとなる。……

世界は解かれることが待たれている謎に満ちている。それは無声映画のようで、画像すべてが理解されるわけではない。人類と世界の創造以来、さまざまな偉大な人たちが現れた。啓示を教える預言者だとか、自然美を称える詩人であるとか、研究し分析し結論付ける学者であるとか、可能と不可能の全ての諸側面を深めては交代させて研究する哲学者であるとか、存在の本質を知ることができない論理や知識の失敗を認識して、嗜好と直観による霊知を主張する神秘主義者であるとか、かれら全員が人間に正しい知識と疑問も湧かない諸課題を明示した。しかし存在の本質は知ることがなく、われわれはその解明を待っている。実にいくつかの物語の場面は解説しても、その本質と含蓄と秘められたところは、まだわれわれにとって不明なままなのである。……

他方で、こういうこと（捉え方）もあり得るだろう。つまり、世界は人間が謎解きをするが、別の目的のために創造されたとするのである。換言すれは、理性を含む世界の創造（の目的）は、その背後にある（絶対主が有する）知恵を（顕示する）ために創造されたとするのである。そうすると異見を唱えること自体が、馬鹿げたことということになる（人の理性は創造の在り方を議論するものではない）のである。

総じて人がもしもこの曖昧さに味を覚え、謎解きの試みをして、時に成功し時に失敗しているならば、この曖昧な雰囲気の中で、強くて明白な味わいを享受することは悪くないのである。[39]」

人はなぜ存在するかという本質論への回答はないままに、一生を過ごすことが運命付けられている。絶対主の知恵を明らかにすること、この謎解きそのものが創造の目的ととらえることはできないのか。そうすることでようやく生きることの目的と生きがいが生まれてくるというのである。

②科学と宗教

「……もっとひどい科学者の間違いは、観察、実験、そして証拠という手法は唯一なものであると考えたことである。世界の全ては科学で解決され、科学の方法に則ると考えた。確かにその手法によって正しく世界の車輪に向かうことはできるかもしれないが、しかしそのエンジンには迫れないのだ。思考を詳細にして深める人は、その研究を車輪という物質で止めずに、その背後のあるものに迫るのだ。……これらも真実であることは、否めない事実である。科学的な方法だけに依拠するのは間違いである。芸術の方法は、直観と精神の純粋さと心が開かれていることに依拠している。それは科学の方途と同様に、正しいものである。あちらにはその領域があるように、こちらにも否定されない聖域があるのだ。世界理解のために科学的方法だけに限るのは、明らかに変則歩行である。……

この科学と宗教の間の根深い争いの根本原因は、私には分からない。科学者は神経質となり、かれらの知識はすべてに関係しており、あらゆる問題を解決するとして、知識以上に求めるものはない、だからかれらの領域以外には領域はないとするのである。宗教家の方も神経質になり、科学の領域での知識を信用しないで、また宗教の根幹と小枝部分の峻別ができずに、先達の言葉は降ろされた啓示のようなものとして固く取りつかれてしまったのである。……真実の科学と宗教は、その目的を一つとしており、それは真実への愛情である。手段が異なってはいるものの、両者共、人間性でもってその完璧な姿に到達するであろう。そして周囲で取り巻くものも理解するのだ。あちらは物質的に、そしてこちらは精神的にするのである。(40)」

近代以降の宗教に対する最強の挑戦は、自然科学の発達であった。そしてそれに基づく西欧文明はイスラームに対する挑戦と映った。二つの異なる人間の活動であり、それぞれに固有の方法があると主張している。最終的には絶対主の知恵を明らかにするのが、創造された人間の責務であるということになるのであろう。

③宗教の将来

「アッラーが世界を支配し統御されるのは、広い一般的な法（摂理）に拠るのであって、狭い部分的なものではない。人を創造しその一般法に従うようにされ、それに従わない者は一掃された。過去、現在、未来を知り、この世とあの世を知り、星座もわれわれ以外のものも知っておられる。総体的な法に反している家の一部分を見るように、アッラーに対するのは、視野を狭くしていることになる。……

アッラーはその一般法から人間に意思の自由を与えられ、自然に行動から生じる部分を授けられたのであろう。また兄弟の命に関する人の責任もそうだが、それはちょうど一部の細胞は他の細胞にも責任を負っているのと同様である。これが世界の一般諸法を平等に扱う一般法であるならば、不満不平は何ら主張の根拠はないということになる。……

右に見た見解が、この戦争があまりに悲惨であることに鑑みて、どうして人々の間に広まらないことがあろうか。それはアッラーが世界に広められた一般法に基づくものでもある。世界はその一般法と調和するであろう。またそれに拠らなければ、その罪を問われることになるし、自らの慢心を是正することもできない。物質主義の誤りは明らかとなり、アッラーに関する見方も改められることは、既に述べた。そうすれば死は生命の復活につながり、それは良いことである。またそうすれば、罪人を正すことになるので、懲罰は慈悲であるということになる。それは愛情だということだ。われわれはこの方向に傾く。将来のことは、アッラーが一番ご存じである。[41]」

第二次大戦の惨状を前にして、アッラーの支配を説くことに時代錯誤的な違和感を持たせられる向きがあったのであろう。そこで本論は、どのような状況であれアッラーの支配は徹底されていることを再確認する趣旨である。大規模な天災もアッラーの差配なのであり、その事実を揺るがせにしないということになる。

④東洋の病は、伝統である

「西洋の進歩と東洋の遅れの最大の原因は、生活構築の基礎として、前者は科学を、後者は伝統や相続したものを適宜活用していることである。この両者の違いは、生活のあらゆる側面に出てきていると見られる。……

農業で言ったことは、そのまま工業でも言える。東洋の段階は、工業の最初期のものでしかない。それは近代科学とは縁遠く、資源の宝庫なのにそれを駆使するのにも、科学力が必要である。砂漠の鉱石であるとか、落水利用の発電などである。また科学力があれば、どれほどの生産と利用が見込まれる原材料があることか。そのためには、資本も必要だ。そして資本が今度は細かい科学を必要とする。金融取引も現状はまだ幼稚なものしかない。東洋には、資金調達、配分、活用、監督など、まだしっかりしていない部門が多い。経済学もそうだ。資本家たちは、資金は不動産売買の原資としか考えていない。証券取引には関心がない。企業投資すれば、それは資源開発や産業発展につながるが、そういったことは、一向に見られないのだ。

……

こうして科学が全面的に襲っているのが、西洋である。農業、商業、工業、経済、政治、教育など、すべてである。西洋の文明に納得するならば、その計画に従わざるを得ず、われわれの生活は科学に基づくようにしなければいけない。

……

東洋が必要としているのは、個人であれ社会であれ、科学精神が広まることである。そうすれば国のあらゆる部署において、深刻な変革が生じるであろう。母親は子弟を教育するのに科学を用い、農業、金融、政治、社会事業など多方面の影響が見込まれる。そこには戯言や幻想や旧弊や古い伝統の出番はない。議会での混乱もなくなり、そこでの無益な長広舌も終わりだ。結論も得られない演説などは、科学精神の欠如以外の何物でもない。その精神の最大のメリットは、論理に従い、相互理解への準備があるということだ。

この科学精神が流布するためには、研究手法が科学的となることが必要である。それぞれにおいて、生物学や化学などを身に着けるということ。そして農業、工業、商業の学校に科学を導入する必要がある。国民の間では、科学的な民衆文化が広まり、その目で確かめるために彼らの目前で実験も行われ、それに信用を置くことである。そうして行けば、絵空事のような信条ではなく、科学的信条が代わりに登場するだろう。そして産業、農業、職業訓練などに従事する人たち全員が頼りにできる、一大研究機関が登場することであろう。そこでは人々はさまざまに指導を仰ぎ、また逆に彼らにその機関は助言を授けることであろう。いずれにしても東洋の諸国には、こういった基礎の上に文明を構築しなければ、希望はないのである。(42)」

＊

本節④では前節とは真逆に論理重視の科学精神が主題だが、改革の呼び声を高くしても反応の鈍重な現実に対して、嘆きと焦りの声が聞こえてくるようである。どちらかというとアラブでは珍しい自己批判の一文としても、注目される。近現代エジプトのこういう緩慢たる変革への不満の鬱積が、やがて一九五二年に至り、ナセルらの若手将校を突き動かすこととなる。それは二〇一一年の「アラブの春」の民衆革命のエネルギーでもあった。なお本節は、一八九二年、アラブ世界初の月刊雑誌として創刊されたアルヒラール誌に掲載されたことも、論調に影響したのであろう。

五、信者の精神生活

コロナ禍の集団礼拝

信者の精神生活といっても人の子である限り、現実にはいつも理想的な完全な模範という訳には行かない。むしろどうにかして過ちを犯さないように努める日々が続くのが通常である。しかし信仰に基づく場合、主を抜きにして見られる、得てして生々しい動物的な営為とは隔絶して異なるものである。いわば人のこころは、何枚かの衣に被われている感覚である。またそのような違いをしっかり受け止め、庇護の内側にいることに有り難味と喜悦を覚えることが信仰生活ということになる。またそれはいわゆる悲観論やニヒリズムを越えることともなる。

人としての喜怒哀楽があることは万国共通であるし、どの宗教を信奉するかには直接関係しない面も多いだろう。他方イスラームの信徒にはやはり固有の心情や生活感覚があることも事実だ。入信するとそのような効果が見られること自体が、アッラーの実在を物語る証左としても挙げられていることはすでに覚知論の中で見た。一言で言うとその効果は甘美なものと言えるが、それは信徒を惹きつける大きな要因でもある。人によって異なるのは当然としても、ここではそれらの共通項や最大公約数としてのさまざまな在り方を見ることとしたい。

（一）生きがい

生きがいについて日本では論じられることが多い。他方イスラームにおける生きる目的は、簡単明瞭である。それは篤信に努め、日々善行を積み、一段一段と階段を上ることとして比喩的に提示される。完徳を目指す過程とも表現できる。これでは簡潔すぎるのだろうか。難しいのは言葉の定義ではなく、その実践であることを再確認しておきたい。

顧みると人類の歴史が幾年月重ねられようとも、誰一人として人生の目的であるとか、それは一体何なのかという本質を知ることができないままに時間は過ぎているのである。また内省を重ねて行くと、人の子として民族、言語の違いを超えて、人間生存の本源的な断面が露呈されることになるだろう。つまり人が生きるということは、究極的には自分一人でもよいから生き続けたいという、生存本能とも言うべき状況に帰着するということである。

この迷いと反省のがけっぷちに立たされた瞬間に、イスラームは自分一人のあり方を越えて、再度、主の下での人類愛や人間存在全体の見地に立ち戻る契機と指針を与えてくれるのである。真善美を求める人の自然な気持ちにも、それらを総括するアッラーとの触れ合いにより一層の拍車がかかり、絶対的な信条に従い生きていることへの充足感ももたらす、言い換えれば、生きる意味、あるいは生きがいが与えられるのである。別の表現であるが、ちぢに乱れる人の心をはるかに超えて、別次元に立った生活が可能となるのだ、とも捉えられる。

イスラームでしきりに言われることは、この世の限りあることと、あの世の永劫であることである。「この世は融ける雪、あの世は輝く真珠」とは美しい表現の中にこの世の儚《はかな》さを静かに諭してくれる。このような事情を真実として直視するからこそ、生きがいを求めるのでもあろう。

高齢を迎えても、永劫の楽園に入るという生きがいが与えられていることは、何ら変わりない。

「六一．永遠の楽園は慈悲深いお方が、**かれ**の僕たちに、目には見えないが約束したものです。確かに**かれ**の約束は、完遂されます。六二．かれらは、そこで無駄話を聞かず、平安あれ（という言葉）だけがあります。そこでかれらには、朝な夕なに、自分たちの糧があります。」（一九：六一、六二）

前章でしきりに見た、イブン・アルジャウズィーは高齢期の終活について次のように定めている。

「（四〇才までは学問に励み）五〇才から六〇才の初めくらいまでは著述と教育をして、六〇才を越えたら教育やハディース学講話を盛んにし、さらに重要事項があれば七〇才初め頃まで著述をすればいい。そして七〇才からは自然に任せて、来世のことを思い、死去に備えるのである。それは自分のためにするのであり、他には報奨のための教育であるとか、自分が必要とするような著述をすればいい。そうすることは来世への最高の方途となるだろう。[43]」

（二）安寧と幸福

次節の安心が不安感の除去や克服であるとすれば、ここで扱う安寧は心の平穏である。それは一喜一憂しないだけの心の準備と、その背景としてのバランスとれた不動の心構えを指す。なお安心と安寧は、日本語では両者が似た感じであるが、アラビア語では、安心（アムン）に対して安寧（トゥムアニーナ）であるので、それらは別の語源であり、全く別物である。

クルアーンには信仰は、すなわち安寧を招来するとある。

「**アッラー**があなた方にそのようにされたのは吉報であり、（まさしく）あなた方の心を安堵させるためなのです。」（三：一二六）

「**アッラー**は、ただこれをあなた方への吉報とし、あなた方の心はそれによって安らぐのです。助けは**アッラー**からだけ（来ます）。」（八：一〇）

「そのような信仰する人たちは、**アッラー**を唱念することで、心は安らぐのです。実際、**アッラー**を唱念することにこそ、かれらの心の安らぎがあるのです。」（一三：二八）

信念をもって安寧を保つことは裏から言えば、それは付和雷同の処世術を卒業することも意味する。真に迷いのない人生を歩みたいと願うことは、幸福であり、生きがいであり、人としての尊厳の追求でもある。それらすべてに通底しているのは、不動の静穏さと、それと手を組む信仰心で組み立てられている一つの構造であるということは、既に明らかであろう。

クルアーンでは、迷いのない道をまっすぐな正しい道とも表されている。それを求める気持ちのいかに強いことか、なかなか今の日本からはその全幅の願望を想像し理解することは容易でないかもしれない。複雑な仕組みと諸関係の中をなんとか卒なく乗り越える技術のような世渡り上手の方が、遥かに理解容易であり、学ぶ点があると思われがちだからである。イスラームはゆるぎない姿勢を求めるので、まるで逆の発想と立ち位置を占めることとなる。

安寧を得るとは、イスラームでは最上の幸福でもある。ギリシアの幸福論は広くはギリシア哲学のイスラームへの影響の一端として、イスラームの古典でも取り上げられてきた。例えばイスラーム倫理道徳の古典であるイブン・ミスカワイヒ（九三二—一〇三〇）の著作『道徳の修練』においては、アリストテレスの幸福論が正面から取り上げられている。[44]

そして一旦幸福論の議論が始まるや、イスラームでも幸福（サアーダ）はかまびすしく論じられる人気のテーマとなった。この一連の傾向はギリシア哲学の刺激があったと同時に、クルアーン中でも別の用語で幸せの状態を表わし、実質的には幸福に関する説諭が進められていた事情も手伝ったからであった。それらの用語とは、「善い生活」（一六：九七）、「窮屈な（不幸な）生活」（二〇：一二四）、「イスラームのために……胸を開きます」（六：一二五）、「心の安らぎ」（一三：二八）といったところである。

イスラームでは子供が多いことと財産が豊かであることが、現世的な幸せの象徴のように扱われて、それらは一時的であることを諭す、そして永久の幸せは、安寧に満ちた死後に楽園に入ることであるとされる。

「あなた方の現世の生活は、遊びや戯れであり、また虚飾と互いの自己顕示であり、財産と子女の多さの張り合いだということを知りなさい。例えれば慈雨のようなもので、苗が生長して農夫を喜ばせたかと思うと、やがてそれは枯れて黄色に変り、次いで枯屑になるのをあなた方は見るでしょう。だが来世においては（不正の徒に）激しい苦痛があり、また（正義の徒には）**アッラー**からお赦しと満悦があるでしょう。真に現世の生活は、欺瞞の享楽です。」（五七：二〇）

「だからあなたは、かれらの財産や子女に惑わされてはいけません。**アッラー**はそれによって、かれらを現世の生活で懲罰し、かれらの魂は不信心のままで離れ去るようにと望まれているのです。」（九：五五）

アッラーに認められるのは、財産や子女ではなく善行と篤信ぶりである。

「あなた方を**われら**に近づけるのは、財産でも子供でもありません。信仰して善行に勤しむ人には、かれらが行なったことの倍の報奨があり、かれらは安全な天国の高殿に住むのです。」（三四：三七）

以上のように「財産と子女の豊かさ」は真の幸せでもなければ、アッラーの下での赦しの代償にもならないというのがイスラームの見方である。それでは永劫の幸せとは何かが問題となる。結局イスラームの幸福論は、通常来世論の一翼として扱われる天国論そのものということになってくる。
そしてこれら天国の住人の心持ちを表す固有の言葉が、クルアーンには一度だけ登場する。「トゥーバー」と呼ばれる。「トゥーバー」には「至福」という日本語が当てられる。それは善い（タイイブ）の最上級の形で天国での安寧感と究極感を合わせたようなものと理解され、いずれにしても天国でのみ篤信の人たちが達することのできる心境である。
「信仰して、善行に励む人たちにとっては、至福（トゥーバー）がかれらのものとなり、（そこは）善美な帰り所なのです。」（一三：二九）
天国の人たちは主を直接に公然と目にすることが出来るといい、それは満月の夜に月を見るようなものだとされる。そしてこのことが、主に話しかけられることとともに、天国での昂揚する気持ちが最高潮に達する瞬間でもある。またこのような状態に達することが、人の本当の名誉でもある。それは人間の幸福、永劫の幸せ、名誉、生きがい、尊厳などのすべての諸価値の根源として捉えられ、その心境が安寧の一言に集約されているといえよう。

（三）安心と死

真実を確信し、それに依拠できるような心境にはまず安心感が訪れる。そして天国に入るときは、安心して入るようにと言って、挨拶される。

「四五．一方（**アッラーを**）意識する人たちは、泉のある楽園に入り、四六．平安に安全に、ここに入りなさい（と言われます）。」（一五：四五、四六）

安心の反義語は、不安、恐怖、混迷、動揺などである。生老病死に限らず全てが不安の原因であり、その眼前は人間の誤道に導かれている。多くの場合はそれらの現世の不安の対策としては、資産を貯めて、高い地位を確保し、子孫を多く残すことなどが考えられる。しかしそれらの現世的利益は問題の本質に向かっていないから、解決策とならないのである。本質とは人の心の問題である。

信仰を持つ人が不要な恐怖心に襲われない原因は、すべての恐怖はアッラーに対するものに限定され、集中するからである。それは最終的には最後の審判という全言動の清算にある。このアッラーへの畏怖心の一点に集約されているので、それ以外の雑音や雑念に惑わされることが消え去るか、あるいは少なくとも軽減されるのである。

日本では現在、しきりに看取りの在り方について議論され、多くの研究も行われている。どのように人の最後の瞬間を迎えるかという問題である。大きく言えば、音楽や語り掛けや教説により癒しを与えるのであろう。しかしイスラームでは、そのような研究もなければ、必要性も訴えられていない。古来それは、クルアーンを読誦するということに尽きるからである。それ以上の癒しも、真実の教説もないとされるのである。これも安心材料である。

死については、当然クルアーンでしきりに言及されている。そしてそのどれもが信者の死への恐怖心を除こうとする趣旨である。死を逃れた人はいないし、また同時にそれは自らの存在の終りを意味しないということである。

「言ってやるがいい。あなた方が逃れようとする死は、必ずあなた方を見舞うのです。それから目に見えない世界と目に見える世界を知っている方に送り返され、あなた方がしてきたことすべてを、**かれ**が知らせるのです。」（六二：八）

「すべての魂は、死を味わうのです。復活の日には、あなた方は完全に報われるでしょう。誰でも（地獄の）火から遠ざけられ、楽園に入れられた人は、真に成功をおさめたのです。この世の生活は、ただ虚偽の享楽に過ぎません。誰でも皆死を味わうのである。だが復活の日には、あなたがたは十分に報いられよう。」（三：一八五）

これだけ死について確約されれば、読む人は誰しも死を迎えるのに少しは心のゆとりができるであろうか。死は消滅でもなければ幻想でもなく、それは生の家からもう一つの家に移転することである。それは消え失せる家から、いつまでも存続する家への引越しである。死とは天使たちが道案内をしてくれる楽園への道のりに着くことである。

「三〇．（一方）確かにわたしたちの主は**アッラー**ですと言って、まっすぐに（**アッラー**に）向かう者たち。かれらには天使が降りてきて、恐れてはならない、また悲しんではならない、あなた方に約束されている楽園への吉報に喜びなさい（と言うのです）。三一．**われら**は現世の生活においても、また来世においても、あなた方の擁護者です。そこ（来世）ではあなた方は望むものを得て、そこではあなた方の求めるものが得られるのです。三二．よく赦され、慈悲深いお方からの歓待なのです。」（四一：三〇―三二）

次には逆境についてであるが、人生に逆境はつきものであり、試練が人生であるというのがイスラームの規定の仕方であることはくり返し述べてきた。しかしそれも程度問題の面もあるだろう。処理能力以上の逆境ばかりが続くと人は自然と滅入ってしまうし、失望もする。信仰の真価が問われるのは、そのようなギリギリの状況下で何が実現できるのか、ということである。

まず信仰を正しく持つ人は、非常に忍耐強くなっていることを想起したい。忍耐はイスラームでは非常に尊重される。実際ムスリムは何事であれ、ゆったり構えている人が多い。「時間をかければ安心で、急げば悔やむ」、あるいは「性急さは悪魔から、忍耐は信仰から」という昔からの諺もある。

人生のほとんどあらゆる事柄は苦難である。学習、ジハード、出産、人々とのやり取りなど、すべてである。繁栄の頂点においてさえも手放しで喜ぶのは、自分で墓穴を掘るようなものであろう。そこで自制心を発揮するのは、自分を振り返る我慢であり楽の中の忍従である。

他の人への親切心も忍耐の一つの表れでもある。

逆に性急である時は物事の展開を人間、しかも自分中心に考えているので、したがって万事はアッラーが差配されているという根本の事実を失念していることになる。そこで性急さはムスリムが嫌悪するところとなった。また性急であることは、困難は人にとってアッラーが与えられた試練であるという事実も失念していることになる。

そこで教えを守り忍耐強くすること自体が善行であり、したがってそれには多くの報奨が与えられるということになる。最大の恩寵はアッラーの支配を明確に覚知し、天国行きの確実な候補者になることである。

クルアーンの次の節は、すべてを語っているようだ。

「だから耐え忍びなさい。**アッラー**の約束は真実です。あなたは罪科の赦しを請い願い、朝な夕なに、主を称賛をもって賛美しなさい。」(四〇：五五)

忍耐強くなるだけではなく、アッラーの定められた運命の力を理解し、不幸や逆境の中においてもアッラーの恵みが至るところにあることを看取できるような心構えができていれば、大きな不安は解消されて安心を得ることとなる。その条件を一言でいうならば、信仰が熟して十分に篤信であるということに尽きる。イスラームの信仰はそのような仕組みになっているということが、以上のクルアーンなどの言葉と著者の綴方で少しは解明されていれば幸いである。

アラブの文献にしばしば引用されるクルアーンの節を最後に触れておきたい。これは数々の著書の巻頭言などにもよく用いられる。

「順境においても逆境にあっても施す人たち、怒りを押えて人びとを許す人たち、アッラーは（こういった）善行する人たちを愛するのです。」（三：一三四）

（四）慈悲と愛情

クルアーンで慈悲の用語は、さまざまな活用形も含めれば三四二回も登場してくる。それほどに中心的な概念になっているといえよう。慈悲のように広大な働きは本来アッラーのみが良くなしうるものであるが、人が他の存在にアッラーの慈悲を祈ることが、人がなしうる慈悲ということになる。信者の精神生活の一面として、このような慈悲のこころをよく発揮することができるようになるということである。なお同じ慈悲の言葉が倫理道徳の脈絡で出てくる場合は、それが一つの徳目として、ということは慈悲が目標として扱われているということである。

預言者を遣わして教えを伝えたこと自体が、アッラーの慈悲の表れであったのだ。

「**われら**があなた（ムハンマド）を遣わしたのは、すべての世界の慈悲としてだけです。」（二一：一〇七）

両親への慈悲を請う形でも出てくる。

「そして慈しみの心から、かれら（両親）に謙虚の翼を低く垂れて言いなさい。わたしの主よ、幼き頃、わたしを愛育してくれたように、かれらの上に慈悲をお授けくださいと。」（一七：二四）

信仰から離れてしまう人々もいたが、アッラーはやがて信仰篤き他の民も連れてこられる、そして信者同士は謙虚であり、他方非信者に対しては意志堅固で奮闘する。そこで真の信者と見せかけとは区別しなければいけない。人の間には悪魔も配置されているので十分要注意なのである。

他方で、非信者や見せかけの信仰者は敵であって、それは慈悲の対象から外されるのは当然である。イスラームはこの点、非常に現実的な描写をしているようだ。

「信仰する人たちよ、あなた方の妻や子供の中にも、あなた方に対する敵がいます。だからかれらに用心しなさい。もしあなた方がかれらを免じ、大目に見て許すならば（それもよい）。**アッラー**は、よく赦すお方であり、慈悲深いお方なのです。」（六四：一四）

人の慈悲の源泉は、アッラーが人にかけられる慈悲である。それが出発点なので、人はそれを感知しそれに対応しようとするのである。そこでアッラーへの感謝と称賛が自然と生じるということになるのだ。こうして慈悲のサイクル現象は際限なく展開されるという次第である。

慈悲を周囲に向けられない人に対しては、周囲からの慈悲も期待できない。なぜならばアッラーは慈悲深い人だけに、慈悲をおかけになるという関係になっているからだ。

またアッラーの慈悲は信者以外の被造者にも向けられるので、信者以外に対する人の慈悲もある。慈悲を語るときの対象は信者に限られなくて、より広い範囲であるとされている。次のクルアーンの引用部分がそれを示唆している。

「それから信仰する人になって、互いに忍耐を勧めあい、互いに慈愛を勧めあう人になることです。それから信仰する者になって忍耐のために励まし合い、互いに親切、温情を尽くしあう（ことである）。」（九〇：一七）

次に人同士のものとして愛情（フッブ）がある。愛情とは特定のものに惹かれる心の働きをアッラーが人の天性の一つとして創られ、人の心がぶれないためにアッラーがしっかりその心を捕捉され、特定のものに結び付けられる現象だとされる。ではその惹かれる特定のものとは何か。その最良のものは信仰心そのものとすれば、愛情は主としてムスリム同士の間の事柄ということになる。慈悲はムスリムに対するものとは限られないから、この点愛情と慈悲とは異なる。

「そして以前から（マディーナに）家を持っていて信仰を受け入れた人たち（アンサール）は、かれらのもとに移住した人を愛護し、またかれらに与えられたもの（戦利品）に対しても心の中でも欲しがることもなく、自分自身に先んじて（移住者に）与えます。たとえ自分は窮乏し

ていても。自分の貪欲をよく押えた人たち、これらこそ成功者です。」（五九：九）

こうして利己心を克服して利他主義を働かせるような心の育成をイスラームでは大変重視することとなる。それを喜捨やボランティア活動などの実践を通して学ばせるように努める。

アッラーの被造物としてすべてのものはアッラーを称賛するが、それは山々や木々といった自然界も例外ではないとされているのだ。そこで自然界は人を愛し、人は自然界を愛するという関係が生まれてくるといえる。

死や災難は人が忌み嫌って避けようとするのが普通である。だが少し人を驚かすようだが、イスラームではそれらも人の愛情の対象であるということになる。

信者がこの世を愛するのはもちろん金銭や名誉といった現世欲のためではなく、地上におけるアッラーの代理者としてアッラーの諸権利をこの世で実施、実現するためである。それは最たる善行である。善行を積んでいれば、その後死が訪れる場合にも、それは最後の審判における勝利となり、結果として天国行きを告げられる。次いでは天国においてアッラーの尊顔を拝する機会に恵まれるのである。そこで死、つまりあの世への引越しの機会というものは、何ものにもかけがえのない価値と重みをもつこととなる。それは人が死を愛する理由である。

災難にしても同様である。それもアッラーの創造されたものの一部に過ぎない。災難は幸福の原因であるかもしれないし、幸福は災禍をもたらす原因となった事例をわれわれはたくさん見聞きしている。つまり当座の人間にとっての善し悪しだけですべてを判断するのではなく、非常に大きなアッラーの差配には従うという決意が必要なのである。この決意は信仰の決意そのものであるからだ。

このような場面で自然とムスリムの口をついて出てくる言葉は、「アッラーフ・アクバル（アッラーは、偉大だ）」と、「アルハムドゥ・リッラー（アッラーに称賛あれ）」いう唱念の言葉であろう。それは災難というかたちでアッラーの差配があったことは、やはり人として厳粛に受け止め、その上で今後の幸福を祈願するという経過を経ることとなるのである。

（五）希望と悲しさの克服

人は現状以外の姿を描き、その実現を願う能力が与えられている。それが希望（アマル）である。だから希望は本質的には現実との矛盾であるはずだが、多くの場合は新たな生産に向かう次の力の源泉として機能する。前に見たように、恐らく人が生きるということは、究極的には自分一人でもよいから生き続けたいという生存本能の問題にも帰着するのであろう。そして希望があれば、その実現に向けて尽力するとともに、祈ることとなる。つまり人の生存は希望を持ち、祈りを上げることと一体であるということになる。

他方から見れば、祈りは信仰とともにある。そして祈ることは、ある事柄が実現するようにアッラーにお願いするのだが、それが叶うかどうかはアッラーのご差配次第だという了解である。だから実現しなくても失望はない。むしろ直ちに実現しない方が良いという何らかの理由があるのだろうが、自分がそれを知らないか理解していないだけだと察知するのである。あるいは、希望通りには実現しなくても、それ以外にいろいろ実現している御恵みに感謝することに忙しいかのいずれかである。

以上のような思考回路が、イスラームが信者に提供するものである。希望は果てしないが、その効果もまた果てしないものがある。いくらでも願いを聞いてもらえる相手が、いつもすぐそこに一緒に居ていただけるという安堵感である。それはまた自分を決して見逃さない、監視役でもある。

スポーツ選手でもいざという時の瞬間には、絶対主にお願いがしてあって、勝つか負けるかとは別に自分は見守られ、最善の差配があると真に信じられるところから安堵感と勇気が湧いてくるという。病気になってもその治癒をお願いできる。ただしアッラーは人の生死自体を左右される御方でもある。

「八〇．また病気になれば、**かれ**は私を癒します。八一．**かれ**はわたしを死なせ、それから生き返らせられるお方です。」（二六：八〇、八一）

高齢を迎えても、永劫の楽園に入るという生きがいが与えられている。

「六一．永遠の楽園は慈悲深いお方が、**かれ**の僕たちに、目には見えないが約束したものです。確かに**かれ**の約束は、完遂されます。六二．かれらは、そこで無駄話を聞かず、平安あれ（という言葉）だけがあります。そこでかれらには、朝な夕なに、自分たちの糧があります。」（一九：六一、六二）

一方、過度の悲しさ（フズン）や失望には警告が発せられる。それは一瞬といえども、アッラーを失念させるからである。ということは、それは不信仰の道を開くからであるとされる。これらは互いに鶏と卵の関係であるともされる。

「もし**われら**が、人間に**われら**からの慈悲を与え、その後それ（慈悲）をかれから取り上げれば、絶望して不信心になるのです。」（一一：九）

「わたしの息子たちよ、ユースフとかれの弟を探しに出かけなさい。**アッラー**の慈悲に絶望してはいけません。非信者の他は、**アッラー**の慈悲に絶望しません。」（一二：八七）

「かれ（イブラーヒーム）は言いました。迷い去った人の他、誰がかれの主の慈悲に絶望するでしょうか。」（一五：五六）

このようにクルアーンでは悲しさについて多くの言及がある。それは、希望や失望とは比較にならないほどである。因みに回数だけで見ると、希望は二回、失望は一三回、そして悲しさは、多数の活用形や派生形を含めて、四二回に上っている。

『悲しむなかれ』と題された現代風の一冊の本がある。(45) それはこの一〇年ほどの間に、二五刷の増刷を経て三〇〇万冊以上が出回り、イスラーム世界のベスト・セラーになっている。それをここで紹介することは、『悲しむなかれ』というテーマをめぐる世相を伝える恰好の方法かもしれない。

ベスト・セラーとなっている理由は、この主題が需要の多いものであることの他に、全四五六頁という大部なものであるにかかわらず読者が読みやすいように徹底した編集がなされていることにある。さまざまな教え、人生経験、逸話、事例、詩文、伝説などの短い引用や解説で構成されている。

他方、目次、索引、参考文献、出典を示す脚注などは一切省かれていて、本文を直接に初めから少しずつ読み進めるように読者を誘っているのである。時にはほとんど繰り返しになっているのも、意に介していない。このような著述の方法は現代のアラビア語文献では全く類例を見ないものである。またそのような風変わりなスタイルとしたことに関しては、わざわざ序言でも読者に対して断りを入れているくらいである。

ところで同書の内容は全て小見出し方式になっている。それらを見ると当然ほぼ全内容が判明するが、随所で純な信仰心と礼拝の重要性が繰り返し取り上げられていることは、特に目に付く点である。また、「悲しさはムスリムに求められていないこと」、「瑣末なことは気にするな、この世はすべてが瑣末である」、「死の痛みで微笑むこと」などは、特に心に食い入るものがあるのではないだろうか。

この様子は完全に、「千夜一夜物語」のような、めくるめく続く読み切りものの長い連鎖である。以下にこれらの小見出しの諸例をさらに列記してみよう。

「信仰と幸福」、「人の批判に直面して」、「人の感謝を待つな」、「レモンの汁から甘い飲料を作ること」、「怒りを抑えること」、「蓄財の享楽について」、「自殺について」、「人に好かれること」、「存在を直視すること」、「微笑むこと」、「痛みの恵み」、「恵みの多いこと」、「アッラーが選ばれたものをあなたが選ぶこと」、「人の行いを監視しないこと」、「人への善行」、「孤独の誇り」、「人生の短さ」、「喜捨は心の広さ」、「自分を失うな」、「有名さを求めるな」、「恵みの遅さを悲しむな」、「容易さは敵であること」、「この世がすべてでないこと」、「人生はすべて疲れることばかり」、「信仰ある者は心が導かれる」、「思いも及ばないかたちでアラーは糧を与えられること」、「それより良いものでアッラーは補填されること」、「美言の税金」、「楽園の快適さ」、「幸福になる格言約六〇〇カ条」などなど。

＊

以上で精神生活の主な諸側面を一巡した。ここでもう一度、確認をかねてまとめておきたい。

第一には、信仰により不動の宇宙全存在の真理と自らを直結させること、言い換えればアッラーへの誓約を立てることにより、不要な不安感から脱却することとなる。不安のない状態は、安心（アムン）である。

第二には、生きる上には喜怒哀楽があるが、その上下動に過剰に左右されないで、いつも安定した心が達成できること。これはトゥムアニーナである。アッラーに委ねているので苦難も試練と受け止められるし、あまりの快楽は警戒心を呼び起こすことになる、つまりそれも試練なのである。また一喜一憂するようなあまりの感情の波は、アッラーを忘れさせる端緒になるのである。

第三は、究極の幸福であるが、それは永劫の安寧を得ることにあるとされる。またそれは最終的には天国で保障されるので、それを得ることが人生全体の目標であり喜びとなる。それは一歩一歩の階段を上るような務めでもある。

次には慈悲という情け心を持つ必要はあるが、真の慈悲心は主にのみ可能であり、人はその主の慈悲を他の人にも請い願うのである。慈悲は広大なものとして信者以外にも及ぶが、愛情はアッラーが人を間違わないために好ましいものに結び付けられる働きとして、信者間にのみ可能となる。

こうして信仰を中軸とした信徒の精神生活が展開される。それは主を抜きにして見られる動物的な営為とは隔絶して異なるものである。またその違いをしっかり受け止め、庇護の内側にいることに有り難味と喜悦を覚えることが信仰生活である。信徒間の同胞愛も、庇護の中にいる者同士のものであり、それまでのいわば裸の人間同士の関係よりは一段と高みに立つこととなる。互いにムスリムだということだけで、国籍などは不問のままで、兄弟姉妹の感覚に包まれるというのが、実感である。そこでは孤独感やニヒリズムの余地はない。

信仰生活がそのようなものであるとしても、それが単に理想論のようであっては本末転倒である。現実にはその理想と動物が共生している。仕方のないことであるが、重要なことは人類が被造物である限り、この共生が必須であり貴重であり、最善であるということになる。

今一度、本書第二部第二章の末尾に挙げた言葉を引用しておく。以前と異なった含蓄が味わえることとなれば、著者の意は達したということになる。人生の意味は、信仰にありとする端的な見解である。

「人生に関し方法論はあっても、それは何なのか、また何故なのかという本質論は把握できない。……感性豊かに心の嗜好を高めることに真の幸せが見出される。そして人生最高の目標は、文明の害から逃れさせ宗教心を育む偉大な自然にも看取される絶対美に対する感動であり、それを通じて知るであろう絶対主に対する依拠と服従である。こうして何人にも賦与されている宗教心を育み高めることにより、人生の意味と真の安寧が得られる。」

六、倫理道徳上の徳目

マッカのカアバ殿

イスラームにおける倫理道徳は、すべてアッラーへの誓約という信仰告白に端を発する仕組みになっている。つまりアッラーによって、誠実さなどの倫理道徳順守が命じられる関係に入るからである。また逆にアッラーは信者に完璧な誠実さを示されるということもある。ここのポイントは信仰と倫理道徳は、表裏一体であるということにある。それだけにイスラームの道徳論は、日本のそれよりは遥かに理念的で高尚な色彩となるが、他方では具体的、ましてや実利的な形で表明されないことも多い。また時代の変遷に左右される兆しがまずないところも異なっている。

人のこころは移ろいやすく、時には強欲のガスが絶え間なく噴き出す泥沼のようでもある。他方いつも善くありたいと願う気持ちも絶えることはない。この大混乱と大矛盾に錨を降ろし、頼れる柱を立ててくれるのが道徳の徳目であるといえよう。それは信仰と表裏一体であり、不即不離の関係にある。

まず信仰と道徳は両方とも、人間存在の本源的な所から出てきている。信仰では誰にでも「フィトラ（天性）」があり、それによって信仰心に導かれるとする。それは存在の不可思議であり、人には直ちには回答が見つからないという不安感であり、それを何とか埋めようとする人の欲求が背景にある。それが信仰の源泉である。他方、人の生存本能のために競争心や嫉妬心から卒業できないが、そこに正しく善く生きたいという道徳願望の源泉がある。ドイツの哲学者で高名なカントは、夜の星が輝きを失わないのと同じで、人がいつも何とか善くなろうとする気持ちには、本当に驚かされると語ったそうだ。この本源的な強い気持ちが、道徳の泉になる。

次にクルアーン開巻章にあるように、信仰するのは真っすぐな道を求めるからだが、逆に信者には「真っすぐな道を歩め」というアッラーの命令が下されると、預言者伝承にいう。「アッラーを信じたと唱え、（それを固く守って）正しい行いをするように。[46]」

要するに、信仰すると正道を歩むことが義務となるということ、そこで道徳を順守すること自体が、信仰上の篤信行為にもなるという関係である。

なお誠実さ、忍耐、慈悲など幾多の徳目が示されるとしても、その根本はアッラーとの誓約に基づく信念であり価値観として、いずれもが同根であるということだ。だからそれらの徳目はバラバラにあるのではなく、いわばたわわに実った一房のブドウのいくつもの実に例えられる関係にある。

以下においては、美徳・悪徳をいわばペアーとして対置して、イスラームの主要な徳目全体を一覧してみたい。ちなみに日本では道徳教育は太平洋戦争後長く禁句のように扱われてきたが、ようやくそれが現在では公立学校で復活されつつある。他方イスラーム諸国では、以下に見るような内容の倫理道徳は早い段階より教科として扱われる。またイスラーム諸国の出版界を見ても、アラビア語のアマゾンなどで検索すると道徳関係書の多さに圧倒されるが、それは日本でいかにも僅少であるのと際立った対称をなしている。道徳を巡る彼我の事情に大きな違いがあることは、念頭に置いておこう。

（一）誠実と嘘

誠実さや正直さは、正しく生きる第一歩である。言葉以外に動作や沈黙も入る。一つの嘘を隠すのに、またいくつかの嘘が必要となる。そして結局は信用を失う。それが誠実でないときの損失である。

何が嘘になるかは、細かく分けて説明される。自らが罪を犯し他の人がその咎めを受けているのに黙っているとすれば、不誠実であり虚偽になる。誇張も虚偽で、一部の真実を語るのも同様であり、約束の不履行は嘘である。

医者が患者の重態であることを、心配をかけまいとして話さない場合は、虚偽には当たらない。正直というのは、その真実を知る妥当な権利のあると見なされる人に話す場合だけである。戦争の場合、他国に虚偽の情報を与えれば嘘になるのか？　そうではない。第一、戦争自体、通常の正直と嘘の基準が適用されない。例えばある人に嘘をつくことを宣言してから嘘を言うようなもので、それを信用する方がおかしいということになる。

心で信じていないことを口にするのが嘘である。それが真実でなければことは簡単だ。しかし例えば、非信者が「アッラーは偉大だ」というような場合、それは非信者にとっては嘘だが、真実であるという意味では嘘ではないということになる。そこで戒められる嘘とは、それを語る人の心で信じていることではないということになる。もう一つの嘘の場合は、言っていることと行なっていることが違う場合である。多くは、良いことを口にしていながら、実際はそれを守っていないケースである。

イスラームの道徳論では、嘘が限定的にではあるが認められる場合がある。それは嘘により、それが無いよりも大きな公益があるとみられる場合である。第一には、敵からの防衛のためである。第二は、対立する双方をなだめて仲介する時に、他に手段がなければ嘘も認められるとされる。第三には、夫婦や家族間の絆を強めるためである。

日本では、「嘘は泥棒の始まり」と言うが、通常イスラームではそのような日常的な表現で訴えることはない。美しい妻を持つ夫を殺害せよとの命令を出した横暴な支配者ファラオがいて、美しい妻サーラは「自分の姉妹である」と預言者イブラーヒームが嘘を付いて逃れたことは知られている。

クルアーンには多数の言及がある。

「二〇．これらの人たち（信者）は、**アッラー**との約束を全うし、契約に違反せず、二一．また**アッラー**が結ばれるよう命じたもの（家族や共同体など）と結ばれ、かれらの主を畏怖し、（審判の日の）悪い清算を恐れる人たちです。」（一三：二〇、二一）

（二）正義と不正

正義や不正の感覚が鋭く日常生活に浸透しているのは、イスラームでは日本社会以上である。事実、慈悲と正義がイスラームを貫く二大価値であると、すでに述べた。

定義としては、アッラーに認められた人間の正当な権利が実現しているかどうかということであるが、権利と真理はアラビア語では同一の用語であり、正義とは真理を愛することでもあるとされる。他方、不正は他者の権利を不当に奪うことであるとされる。アッラーは人間の服従を求める権利があるが、信仰しない者はその権利を犯していることになり、したがってアッラーに対して不正を犯していることとなる。

正義と慈悲の関係も議論される。正義の権利を持つ人がそれを譲渡あるいは放棄して慈悲を優先させる場合には、それは是認される。例えば、盗もうとした人を、慈悲でもってそれを許すようなケースである。

ちなみにイスラームの正義の概念は、喧嘩両成敗といった日本的な発想ではない。物事の内実に入って実質的に相対立している二者間の衡平を図る、つまりそれで本来両者が保持すべき正当な権利が確保されているかどうかという問題である。

そうすると当事者のそれぞれが保持するという権利がきわめて重要な要因となる。しかしその権利は例えば相続権などは比較的細かにクルアーンでも明記されている方だが、全般的には詳細な規定はない。そこはイスラーム法学の発達を待たなければならなかった。一方大きな事案、例えばパレスチナ問題などになると、何をもって認められた権利と考えるのか？　合意された基準は、必ずしも存在していない。だからそれぞれの抵抗運動で自分が正しいと考える権利を持ち出す事態を招くこととなる。

遺憾ながら、古典であれ、現代版であれ、倫理書にはそのような具体的な事例に即した検討は示されておらず、いろいろの解釈を呼び込む結果は避けられない。そこで侵略者に対する神命による戦いである聖戦のジハード論などが持ち出されることとなる。原理主義者の暗躍に対しては、他宗教を含む現世の諸問題と自らの信仰世界を直結させる発想を是正し、暴力のサイクルに適切な歯止めをかける柔軟な議論が強く求められる。

大半の過激派行動においては、倫理道徳上の正義概念をそのまま直接行動の原動力にしているようだ。こうしてイスラームにおける倫理道徳の研究はその概念的な枠組みを出て、広く現実社会の諸活動との関連に関しても注意する必要があるということになる。これはイスラーム道徳論の改革にも相当するような問題であるが、未だそのような新たな動きは出てきていないと見られる。

(三) 禁欲と強欲

克己の精神は日本でも尊ばれる。諺では「腹八分目」という。ギリシアの神殿には「汝、己を知れ」という言葉が掲げられていたそうだ。このように欲するものを抑制することがイスラームでも通常の禁欲の意味だが、しかしそれは義務的なものと禁止されたものとの間にある自由選択のできる事柄に限定される。義務的な礼拝を抑制することはないし、飲酒禁止を緩和することもない。

イスラーム法上の諸行為の範疇である、義務、勧奨、任意、抑制、禁止という五区分と異なり、倫理道徳では善と悪の二分割であり、そのうち善には最大化すべき部分と禁欲すべき部分があるという構造になっているのである。重なるところはあるが、概念上は倫理道徳規範と法規定とは別世界であることがここからも明らかであろう。

欲望を抑えるようにとの教えは、クルアーンに満ち溢れている。こうしてイスラーム信仰における禁欲は、清貧を求める精神へとつながってゆく。必要以上のものを持たず求めないという生活態度。この徳目を最近は、節度として言及することが多い。イスラームに聖職者階層を作らなかった理由も人々を極端な信仰に駆り立てず、節度ある信仰を維持するためだとされる。イスラームの歴代の指導者の禁欲的な言動は多くの読み物として、編纂され読み継がれてきた。他方、人の享受すべき権利を剝奪するものとして、心のあり方が問題とされる。真実を見過ごさせるような怒り、真実を見ることができなくなるような強欲、精神状態を揺さぶるような恐怖心の三つが挙げられる。

強欲（タムウ）という言葉はクルアーンには出てこない。強欲かどうかは自分で考える他に方法はない。自分で考える際の一つの指針をこの悪徳の教えの中に見出すことが倫理綱領としての役割である。それは不当に権利を求めることである。何が不当かは、妥当な質量以上のものすべてである。そこに自分の真実を知るという必要性が前提条件として横たわっているのだ。そうすると正直、節度、禁欲、忍耐、謙譲などの諸徳目がすべて稼働されるということになるのである。

思うに永遠の経済発展などあるはずもないことは誰しも知っている。ところが自分だけは、あるいは自国だけは例外だと思いがちなのも事実である。それを国の政策である程度はっきりさせる必要が現実的にはある。それと同時に一人一人が心の中で整理し、落ちどころを覚悟することがなければ、逆に政策も収まりようがないのである。大震災後は普通の生活を求める風潮が強まったともいわれているが、ここにも大きな運命の差配が見出されるのではないだろうか。

（四）感謝と恨み

感謝は恵みをしっかり受け止め、自分の至らなさと小ささを感じたときに、自然と湧いて出てくるものである。その恵みが絶対主の差配によると思いが至るときには、信仰の枠組みに依拠していることとなる。そこに感謝の根本的な重要性と特質が見出される。そして感謝の極まったものがアッラーへの称賛になると説明されるので、感謝と称賛は同根であるとともに、両者共、人のアッラーとの関係の大きな基盤だといえよう。

感謝はクルアーンに頻出している。

「……これはわたしの主の恩恵で、わたしが感謝するのか、または忘恩なのかを試みるためです。誰でも感謝する人は、自分のために感謝しているのです。忘恩な人がいても、確かに、わたしの主は、最も高貴で豊かな方です。」（二七：四〇）

ここで、「自分のために感謝している」とあるのは、アッラーに感謝すべきものについて感謝することは、アッラーから見てその人は正しいことをしているので一つの善行をなしたと見なされ評価されるので、自分のためにしたのと同じだ、という意味である。また感謝の対象はアッラーであり、親切をしてくれた相手の人ではない。また親切をした人も、アッラーへの善行を果たしているので、対人関係のためではない。

また、アッラーが人に感謝されるともいう。それは帰依する人を評価して報奨や恩寵を与えられることを意味している。

他方、感謝の反対は感謝しないということで、不信かと思われるかもしれない。しかし原語での不信は蓋をするという一動作であり、悪徳としては登場しない。そこで感謝の美徳に対比しうる悪徳として恨みを取り上げよう。天国へ入る者は、内心に隠れる恨み心などを除去してもらって、完璧な幸せを授かることとなる。

「**われら**は、かれらの心の中にある怨恨を取り除きます。川がかれらの足元を流れます。」（七：四三）

悪徳である恨み心を捨てよ、とは、アッラーの教えの達成という大きな目標を前にして、小さなことで不平不満を募らせるなということにもなる。日本式にいうと、他人の足を引っ張ることに忙しいといったさもしい心は、もっと広い心で克服しようということにもなる。

慈悲を持って憎悪を駆逐すべきであるとも言う。

「善と悪とは同じではありません。（悪に対して）一層善行で悪を追い払いなさい。そうすれば、互いの間に敵意がある人でも、親しい友のようになります。」（四一：三四）

（五）忍耐と怒り

クルアーンには九〇を越える箇所で忍耐が取り上げられるが、忍従することは善行なのである。その代表的な言葉を次に引用する。

「信仰する人たちよ、耐え忍びなさい、また他の人よりもさらに耐え忍びなさい、また互いに（礼拝や戦いに）備えなさい、そして（**アッラー**を）意識しなさい。そうすればあなた方は成功するでしょう。」（三：二〇〇）

「**われら**は恐怖や飢え、財産や生命や収穫物の損失で、必ずあなた方を試みるでしょう。でも耐え忍ぶ人たちには、吉報を伝えなさい。」（二：一五五）

あらゆる苦難は、アッラーが与えられた試練なのである。預言者イブラーヒームがその息子イスマーイールを犠牲に付すようにアッラーに命じられて、一旦はその決意を固めたという出来事が、人類の象徴的な苦難であったと位置づけられる。結局イブラーヒームはそれを決心しただけで、アッラーに赦されることとなった。その時の苦難を偲んで、断食明け祭りと並んでイスラームの最大のお祭りである犠牲祭（息子を犠牲にしないで、羊を供犠することで許された故事にならう）が行われることとなった。

忍耐を失う時は自己中心となりその分アッラーを忘れているということでもある。他の人への親切心も忍耐の一つの表れでもある。こうしてみると忍耐は、アッラーを意識して当面の損害に惑わされることなく、物事の本質と全体像をわきまえ、不動の精神を涵養することでもある。

次に怒りという徳目は、勇敢であるとか、堅固で男性的な、という良い意味に誤解されがちだったと、古典書で警告されているのは微笑ましいものがある。波が荒れて船の到着が遅れたとして海に対して怒った話や、月を謳った詩が頭に残り眠りを妨げたといって、その月に怒った話が当時の国王をめぐって記されている。[47]

さてもう一つ、怒りに関して面白いことがある。それはクルアーン上、ほとんどの場合、怒りはアッラーの非信者に対するものとして出てくるということである。

「六．わたしたちをまっすぐな道に導いてください。七．その道とは、**あなた**が恵みを与えた人びとの道であり、（それは）怒りをかうこともなく、迷ってもいない人びとの道です。」（一：六、七）

すでに強欲を取り上げた個所で、怒りに言及した。人の享受すべき権利を剥奪するものとして心のあり方が問題とされるが、その一つが真実を見過ごさせるような怒りであった。他の二つが、真実を見ることができなくなるような強欲と、精神状態を揺さぶるような恐怖心ということであった。

（六）信頼と見せ掛け

人がアッラーに寄せる信頼は信仰であり、アッラーが人に寄せられるものは信託であり、人々が互いに寄せ合うものが信頼である。裏切りや見せ掛けは、信頼の反対である。

人間同士について言えばほぼ信仰の類推で、信頼とは相手方を真実と信じることであるとされている。例えば友人の言うことには嘘はないと信じることである。

預言者ムハンマドは若いころより人望が厚く、綽名は、アミーン（信頼できる人）であった。クルアーンにも頻繁に出てくる用語である。エジプトの歴史家であり倫理家としても知られたアフマド・アミーン（一八八六－一九五四）は、息子フセインへ宛てた手紙の中で次のように言っている。

「最も重要なことは、真実の言葉を守り、正しいことを実践することである。私はこのような態度を持して大変に得るところがあった。時にはそのために、苦労もし、また眠れないこともあった。しかしそれによって私は心の安寧を得たし、また周囲の人々から、私の言うことやすることに信頼が寄せられた。彼らはたとえ理由が分からなくても、私について言われたことは何でも温かい目で見てくれた。(48)」

自分に不利益が予想されるような場合でも、倫理道徳の教えが守れるかどうかが究極の分岐点となる。またそのように目標を高く掲げるところに、倫理道徳の意義がある。

見せかけは、まずは信仰していると見せかけることで嘘であり、その他ムスリム社会から利益を得ようとする強欲さなどの悪徳も作用している。それと不信仰を告白できない気弱さも際立つ。これら嘘、強欲、気弱さの三要素が見せかけの原因と言えよう。

クルアーン第二章の雌牛章だけでも、偽信者の特徴については一三箇所に出てくる。しかし信者については、三箇所だけであり、正直に告白した非信者たちについては二箇所だけである。これは偽信者がどれだけ用心を必要とし、害が大きいかということである。

偽信者の特徴については気になる読者もおられることだろう。例えばそれは、ちょっとした所作に不信の心が現れてくることがあるという。預言者が彼らのためにアッラーへ赦しの祈りを挙げられるとき、顔を背けて傲慢に背を向けて去っていったという（六三：五）。あるいは非信者の指導者が信者と口論したとき、非信者たちはその指導者が帰国後信者を一掃するだろうと口走った（六三：八）。非信者が一緒に出征しても、ただ足でまといになるだけだとされる（九：四七）。またこの炎暑のさなかに出征するな、と言って抵抗したりする。要するに決断力に欠ける（同章九：八一）。

（七）悔悟・謙譲と慢心・傲慢

過ちを犯してから、正しい真実の道へ戻ることが悔悟である。それは主としては、信者がアッラーに対して行うものである。また過ちを犯さないためにも常に真実の道を外れないように慎重な姿勢をとる場合は、謙譲に近くなる。そしてそれらに対比されるのは、尊大であり傲慢、そして不信仰である。

さらにはアッラーも人に対して、同種の行為をとられることがある。それは悔悟する人に対して、その過ちにもかかわらず恵みを与えられるという意味で、免ずるものという意味になる。悔悟する者には、アッラーは走ってその信者に近づかれるともされる。そこに、戻る、の意味がある。

悔悟の条件といった事項が専門的には議論されて、例えば次の夜明けまでにそれをする必要があるといったことが言われる。また悔悟によってどの程度のお赦しが出るか、といったことも議論される。不信仰になったものには信仰が、大罪者には信仰が、小罪者には篤信の高い段階が与えられるだろう、といった調子である。しかしこれらはあまりに細かい議論であろう。

何をどの程度悔いるべきかについては、各自のあり方しだいに任せられている。それぞれの人が持つ、誠実さ、情け心などのレベルが問われるのである。高い水準の人であれば大いに反省するだろうが、道徳観念の低い人はどうしようもない。この点は法律事項とは異なって、自由裁量の余地が大いに与えられている。自分自身こそが反省するかどうかの主体である。

傲慢さは人と人の関係もあるが、最終的にはアッラーに対してその偉大さと権能を否定し無視するような段階もある。他人に対して優越したいという願望が人の心に働くのは競争心であり、視点を変えれば生存本能とつながっている面もありそうだ。

傲慢さを排すべき理由の一つは、それが物事の真相を見えなくしてしまうことである。

傲慢さは自惚れと表裏一体であり、それは幻影の驕慢である。

日本では傲慢さは人間関係だけで理解されがちである。それは互いの関係がきしみ始める原因として警戒されることは、誰しも経験上知っている。しかしイスラームでは、そのような不都合があるからという人生訓や生活便宜上の配慮が理由ではないことに注意しておきたい。こうしてイスラームでは、アラビア語として慢心で傲慢であることは、そのまま不信仰な者ということも意味する。一方、悔悟して謙譲である人は、そのまま信心篤き人という意味でもある。

(八) 慈愛・慈悲と妬み

慈悲や愛情に関しては前章の精神生活の一面としても取り上げた。倫理徳目としても最重視されるので、ここに繰り返しも含めて以下に記す。

本来の慈悲は主だけに可能であり、人の慈悲心とは、主のそれを他の人のために願うことでしかない。慈しむ心とは、愛情ときわめて類似性が高い。そこで人が持つアッラーへの敬愛や人同士の愛情が検討の課題となるのである。次の節が、それら敬愛や愛情の関係を説明している。

「言いなさい。あなた方がもし**アッラー**を敬愛するなら、わたし（預言者ムハンマド）に従いなさい。そうすれば**アッラー**はあなた方を愛され、あなた方の罪を赦されるでしょう。**アッラ**

ーはよく赦すお方で、慈悲深いお方なのです。」（三：三一）

アッラーを敬愛するとは、アッラーを意識、崇敬、称賛し嘆願することに他ならないと定義される。また称賛は感謝の極まったものとされるので、結局はアッラーへの感謝がすべてということになる。

アッラーへの敬愛は、人々への愛の原点のように見られることが多い。人の持つ愛情は、気持ちがぶれないためにアッラーが好ましいものに対して信者の心を結び付けられる現象である。したがってアッラーの好まれるものを愛するのは正しいことで、アッラーの嫌われるものを嫌うのも正しいのと同様である。

愛情に関しては、次の有名な預言者伝承がある。

「自分が好きなものを同胞のために好きにならなければ、その人はまだ信仰しているとは言えない。」

こうして特に個々人ではなく、広く全体の集団の人たちへの愛情が念頭にあるようだ。いずこの教えも人の愛を説き、その愛の根源として絶対主への敬愛が説かれる。そしてその逆方向として、絶対主の方からの慈悲が信徒に向けられるという構造である。

他者への慈悲ではなく、災禍を望む気持ちが妬みである。それはその他者が自分と直接の関係があって利己心がそうさせる場合もある。妬みが激しければ、他人の恵みを自分のものにしようとさえ願う。あるいは自分のものにならなくても、他者からその恵みを取り去るだけで、満足する場合もあるだろう。最も激しい場合として、恵みを奪うだけではなくその持ち主に対して何らかの危害を加えようとするかもしれない。

クルアーンには、妬みにまつわる物語も少なくない。アッラーが天使たちに対して、アーダムにサジダするように求めたが、悪魔のイブリースだけはそれを妬んで拒否した（二：三四、七：一一、一五：三〇、一七：六一、一八：五〇、二〇：一一六、三八：七四）。また父ヤークーブは息子のユースフを残りの一一名の息子たちよりも大切にしたので、息子たちは非常に妬みを持ってユースフを殺そうとした話もある（一二：四～一八）。

ではどうすれば妬みを克服できるのだろうか。それには自分の心の準備と鍛錬が求められる。そもそも人間は試練を受けるために生まれたこと、次いでは福が本当は災いであり、災いが福であるかもしれないことを知り、拒否するものが福であり愛するものが災いであるかもしれないことを知るべきである。福と災いは一体であるかもしれないし、それらは程度の差であるかもしれない。こうして、アッラーこそは全てをご存知であることに思いが至れば、そこで安寧がその人の心に満ち溢れるだろう。

（九）嘉しと嫌悪

嘉しとは主として、アッラーと信者の間の徳目である。アッラーは信者の帰依に満悦され、信者はアッラーへの服従を喜悦する関係である。そして人間同士に当てはめられることが少ない分、高い調子のニュアンスを持っている。但し人名としてこの嘉し（リダー）は、アラビア語でしばしばお目にかかるので身近な言葉となっている。アッラーと人間間の双方向を指していることが、以下の引用から確かめられる。

「**アッラー**は言いました。この（審判の）日は正直者が正直ゆえに得をする日です。かれらには川が下を流れる楽園があり、永遠にその中に住むのです。**アッラー**はかれらに満悦し、かれらもまた**かれ**に喜悦します。これこそが大勝利なのです。」（五：一一九）

「……**アッラー**はかれらに満悦され、かれらも**かれ**に喜悦します。これらは**アッラー**の側に立つ者です。確かに**アッラー**の側に立つ者こそ、成功者なのです。」（五八：二二）

次は人間界の喜びであっても、それが大局的にはアッラーとの関係におけるそれであることを意識させられるところに、信仰を背景に持つ強みがあると思われる。ただの肉感的、生物的な快楽や満足とは次元の異なる喜びに、表現と形式が与えられているのだ。

あまり大きな項目ではないが、悪徳として現れるのは嫌悪である。物事を嫌悪するという中でも、アッラーの言葉を預かる預言者たちを嫌悪することは、すなわちアッラーを受け入れないということにもなり、最も警戒を要する。預言者サーリフはサムードの民に遣わされたが、彼は預言を伝え始めるまでは人々に好かれていた。しかし教えを広め始めると、人々は彼を怪訝な目で見始めることとなった。預言者ムハンマドも、若い頃より周囲の人に好かれ、信頼される高潔な人物であったとして知られる。しかし啓示開始後は、大変な迫害にあったのであった。

*

本章の冒頭では、イスラーム諸国における道徳教育の意識も実践も確かなものがあり、また出版界も本分野は真っ盛りだということを述べた。他方、中東のイスラーム諸国は二〇一一年に広まった「アラブの春」と呼ばれる革命運動を経験してきたが、その成果はいまだに実らず定着したとはとても言えない状態である。つまり現実社会は、混迷の最中にあるという事態である。盛んな道徳書の出版は、この逆境の産物であるということになるのであり、本来あるべき姿を求めているともいえる。

そういう人たちが日本に到着して、ほぼ一様に驚きの声を上げるのは、日本にはイスラームは流布していないのに、どうしてこれほどまでに日本人は倫理道徳観念がしっかりしているのかということである。これは口先だけの美辞麗句では決してないし、また著者一人が経験したことでもない。多数の日本人が同じ驚きをアラブ・ムスリムたちから耳にしている。

日本人の社会と個々人の生真面目さや行儀正しさなど、未だに国際的にも恥ずかしくないレベルにあることは、これまた多くの経験豊富な日本人の語るところでもある。一方、中東イスラーム諸国が祖国の道徳感覚に不安感を覚えて、相当プライドは傷つけられていることも事実である。

以上は、道徳を巡る彼我双方のアンバランスな状況の寸描である。自信を失いかけている日本が褒められるのは、かなり皮肉にも見えて来る。いずれにしても双方ともに安易な解決策はない。本書のテーマは「イスラームのこころ」であるので、ここでは立派な道徳上の伝統があるのに、多くのイスラーム諸国ではその堅持と発展に苦悩しつつあるという現状を垣間見るに留めることとする。

七、人生訓

マディーナの預言者マスジド

イスラームは人生訓として教えられることはない。アッラーとの関係が人生の基軸であり、処世術的な意識が薄いからであろう。他方、そのような側面に注目して整理することは可能であり、特にそうすることで人生訓の好きな日本でイスラームが軟着陸して、より広く理解される一助となるのであれば悪い試みではない。そこでこのような章を設けて、その試みを展開してみた。あまり他でされることもないので、羅針盤のないままの航海のようであるが、読者方々の関心を惹けば幸いである。その中には、現代日本に鋭い刃を向けて斬り込むものがあることにも気づかされる。

（二）イスラームの和風化

あらゆる宗教や思想は、異なる土地においてさまざまな影響を受けて、土着化し変容するものである。旅の目的地は変わらないとしても、それに到達する街道の景色が変わるようなものだ。イスラームの教えは世界的であるし、人種や民族の別を越えた内容である。しかしそれを受け入れる人々は多様であり、そこに種々の異なる色彩が用いられることとなってきた。一番端的には、世界のマスジド（モスク）建設には、それぞれのお国振りが発揮されており、それがまたマスジドという建築物の持ちうる幅の広さを表現する結果となり、一段とその意義を高らかに謳い上げているようでもある。

イスラームが日本において広まる過程において、それがなじみやすく文化全体の中で軟着陸するために、相応の日本化を経ることとなるのだろう。こうしてクルアーン解釈、ひいてはイスラーム全般の和風化のメルクマールを、試みに摘記すると以下の通りになる。

ア。言葉使い　慈悲、正義、称賛・賛美などは、新たな日本語訳が工夫される必要がある。慈悲はあまりに仏教的であるし、正義と言えば日本のような喧嘩両成敗などは、あまりにイスラームの感覚から離れているからである。称賛と賛美もほとんど混同しつつ、使用されている上に、称賛は感謝の究極であるという語感はない。また賛美は、至高であることを称えるという固有の意義である。これも簡単な邦語訳はない。

イ。人間関係の捉え方　対立的よりは融和的、協調的に表現するのが日本的である。多分に仏教では誰にでもあるという仏性を信じて、善意で接することを説く日本仏教のアプローチもそれなりに影響してきたのであろう。他方、妻や子供も警戒しろとクルアーンに出てくるが、日本ではこのような個所の柔和な把握とその表現を好むことになるのは自然である。

ウ。倫理道徳面の重視　儒教教育が江戸時代の幕藩体制護持と明治以降の国家主義に沿っていた背景があり、それに培われてきた日本人の道徳観念の鋭さはいまだに消え失せてはいない。イスラームを見る時も、そのような側面に相対的に比重が傾いてもおかしくない。時には、アッラーという主軸の存在を抜きにしても、イスラームの道徳を説いたり理解しようとするかもしれない。

エ。宗教的感性　日本固有の、穢れを忌んで、聖や清浄さを好む性向が強い特徴は、イスラームを見る時にも影響するようだ。イスラームを語るときにも、「聖」概念の乱用が目立つのである。しかしアッラー以外に神性を認めることはすなわち多神（シルク）に直結する話なので、イスラームが最も警戒し、拒否している概念である。日本のこの面でのルースさは、イスラームを歪曲し、腐敗させるものとして敏感に忌避すべきものである。

オ。社会法制面への関心の限界と精神性の拡張　日本はイスラーム社会でないのでその結果として、適用されることもないであろう国家組織法、刑法などの公法や商法や民法といった私法の公私両面に渉る社会法制面の関心には限界がある。一方、宗教の精神面が強調され、重視されることとなるだろう。ましてそれが時代の需要となれば、なおさらのことである。

（二）イスラームの人生訓

そこでここでは、日本人は人生訓や処世訓を好むという側面を取り上げることとしたい。家の存続と繁栄を願って、家訓というものも多数残されてきた。その背景としては恐らく、江戸時代の儒学教育が国民レベルに広まったことが考えられる。石田梅岩の町人塾や、二宮尊徳という農民人徳者、あるいは貝原益軒の『女大学』も登場した。そのような人物像を求める世相であったことが、特筆される。しかもかれらの教えの特徴は、当然実践的であるし、場合によっては極めて実利的であったことだ。上杉謙信の「為せば成る、なさねばならぬ、何事も」は知られているし、「出来ぬ我慢、するが我慢」や「早起きは三文の得」など、日常的な実例を枚挙するのにも苦労はない。

一方イスラームでもさまざまな訓示は垂れられてきたが、その大半は前章に見た倫理道徳の中で扱われるものである。それはアッラーとの関係の人間界への反映としての徳目の中で、人が一般的な教訓として受け止めるものが人生訓に相当するということである。それらは自然と日本の処世訓ほどには、実践的で具体的でないケースが多い。それらはより理念的で、場合によってはより高尚な姿をとるものであった。

そこで伝統的にはイスラームにおいては、人生訓といったかたちでまとめて提示されることはまずなかったのであった。圧倒的にクルアーンや預言者伝承の解釈であり、それが手ごろな格好にまとめられることもあった程度である。このような風潮はいまだに継続しているのである。

他方そのような古来の事情があるとしても、人間生きて行く上での教えや訓示を得られれば大いに助けになることは変わりない。そこで現代という時代には、『一〇〇〇のカード—儀礼、信仰、教育』(49)あるいは、『あなたの人生に笑みを』(50)といった、人生本も出されているのを見ることができる。あるいは『悲しむなかれ』(51)というクルアーンの言葉をタイトルとして、同テーマを巡ってさまざまなイスラームの古典の引用を取りまとめた大部の実用書も出された。この本はアラブ世界ではベスト・セラーとなり、多数の欧米語訳も出版されたが、その内容の大半は、相変わらず結局クルアーンと預言者伝承の直接的な引用集という格好である。

以上のような風潮の進展を踏まえつつ、本章では日本人的な感覚からして、どのようなクルアーンなどの言葉が人生訓として取り上げ得るのかを無作為に一瞥しておきたい。そうすることで、日本にとって親密な接点となることも期待される。また同時にそれらが日本社会に斬り込む効果を持ち、日本社会の在り方に対しての鋭い反省材料となる場合も見られるようだ。

＊「誰でもそれぞれ向かう方向があるのです。そこで善行を競いなさい。」（二：一四八）
「善は急げ」は日本でも周知の諺である。しかし諺は、逆の教えも見つけられることが多い。「急がば回れ」がそれである。アラビア語には、「時間を掛ければ平安、焦る者には後悔」、あるいは「性急さは悪魔から」というのがあるので、それが「急がば回れ」という方に相当するだろう。

しかしここのクルアーンの本当の趣旨は急ぐかどうかではなく、蓄財などの世俗欲に走るのではなく、善行でこそ人と競う意識を持つようにということである。そうすると「善は急げ」と日本語でいうときの「善」は現世利益も含めて一般的に善いことを指しているので、したがってクルアーンでいう「善行」とは内容が異なることに気づかされる。双方で似て非なるものに大いに注意をしてこそ、文化の比較になる一例ではないだろうか。

もう一つ注目しておきたい点は、「誰でもそれぞれ向かう方向がある」という冒頭の部分である。この一句は、あらゆる共同体には物理的にも精神的にも向かう方角があるので、それぞれの礼拝の方角と法には違いがある、という意味に解釈されている。アッラーが人それぞれに方向があることを是認するということは、周囲を気にしてそれに配慮するあまり自らの価値観や判断を放棄する、過度の協調性に陥りがちな日本の風習に釘指すものがある。古くは「和《やわらぎ》を以て貴しと為し、忤《さか》ふること無きを宗とせよ」という聖徳太子の一七条憲法の定めもあった。また「寄らば大樹の陰」や「長い物には巻かれろ」という諺が日本では根強い。この点については、もっと直接に表現している一章を挙げておきたい。

＊「一．（ムハンマドよ）言いなさい。おお非信者たちよ、二．わたしは、あなた方が仕えるものには仕えません。三．あなた方は、わたしが仕えるものには仕えません。四．（また）あなた方が仕えてきたものに、わたしは仕えません。五．あなた方は、わたしが仕えるものには仕えません。六．あなた方には、あなた方の宗教があり、わたしには、わたしの宗教があるのです。」（一〇九：一－六）

これこそは自分の信じる道を行け、ということを正面から言いきっている章と言えよう。イスラームが多神教と峻別し、いわば別離の言葉でもあるが、現在はむしろ互いの信教を尊重するという宗教対話を象徴するような意味に受け止められている。

後者であれば、この一章は民主主義を支えるものとも解される。そして協調性過剰や忖度文化の克服にもつながる可能性がある。忖度は結局のところ、責任の転嫁でもある。何事かを成し遂げようという志ある姿勢とは、別世界と言えよう。そういった自主独立の背後にある、真の協調性は新たな日本の課題かもしれない。

＊「戦いがあなた方に定められました。これはあなた方にとって憎むべきことです。ただし、あなた方は自分たちのために善いことを嫌い、自分のために悪いことを好むかもしれません。あなた方が知らなくても**アッラー**はご存知なのです。」（二：二一六）

「人間塞翁が馬」という、日本でよく使われる文言がある。何が幸不幸の原因となるか、本人にも予測できないという事態である。人には長期的で全体的なことは、本当には善し悪しがわからないということ。これとは別に、よく似た節もある。

「たとえあなた方が、かの女たちを嫌っても、あなた方が嫌いなことの中に、**アッラー**はたくさんの善をもたらすかもしれません。」（四：一九）

人生には運の要素が少なくないことは、誰しも知っている。その運勢はイスラームでは天命であると説明する。そこで人としては、善意で最善を尽くすことだけが任務であるということになる。その後の結果全体がどうなるのかは、自分の能力を超えたものと知る必要があるとされる。

成功であれ失敗であれ、人は一喜一憂すべきでないというようにも受け止められる。泰然自若の姿勢を尊び、不動の精神を目指す際にも、有益な示唆が与えられるのではないだろうか。日本的には、「失敗は成功のもと」、あるいは「災い転じて福となる」という類と受け止められる。あるいは、物事の多くは「両刃の剣」なのであろう。

＊「すべての魂は、死を味わうのです。復活の日には、あなた方は完全に報われるでしょう。誰でも（地獄の）火から遠ざけられ、楽園に入れられた人は、真に成功をおさめたのです。この世の生活は、ただ虚偽の享楽に過ぎません。」（三：一八五）

「現世の生活は、遊びや戯れにすぎません。しかし（**アッラー**を）意識する人には、来世の住まいが最善です。あなた方は理解しないのですか。」（六：三二）

「現世の生活は、遊びや戯れにすぎません。そして来世の住まいこそが（真実の）生活です。もしかれらが分っていたなら（よかったのに）。」（二九：六四）

「確かに、**アッラー**だけに（審判の）時の知識はあります。また**かれ**は雨を降らせ、胎内にあるものをも知っています。でも人間は明日自分が何を稼ぐかを知らず、どこの地で死ぬかも知

りません。誠に**アッラー**は全知で（何事も）お見通しの方なのです。」（三一：三四）
アラビア語の諺では、「この世は融ける雪、あの世は輝く真珠」と繰り返される。現世の儚さは日本でも違和感のないところである。ただしイスラームではその儚さは、移ろいやすさであり、わびしさや、やる瀬なさなどは伴っていない。この世の戯れに警告を発して、来世の楽園に邁進しろと、忠告するのが趣旨である。
アラビア半島では、厳しい環境の中で人命が砂塵のように散ってゆくような場面も少なからずあったのであろう。それは日本の、行く川の流れる水の一滴というのとは相当異なった景観である。こうして人は短命であることは世界共通であるとしても、その現実に直面する姿勢には、ある意味で真逆の結果を見る思いである。それは自殺禁止にも明確に示されている。

＊「……またあなた方自身を殺してはいけません。……」（四：二九）
「……人を殺し地上に腐敗を広めたという理由なく、人一人を殺す者は、全人類を殺したのに等しい、また人一人の命を救う者は、全人類の命を救ったのに等しいと。」（五：三二）
「**アッラー**が侵してはならないとされた生命を、正当な権利（死刑や戦闘など）なくしては殺してはいけません。」（六：一五一）
「**アッラー**が侵してはならないとされた生命を、正当な権利なくしては殺してはいけません。」

（一七：三三）

以上の四節は、自殺禁止の命令とされている。生命はアッラーの創造によるのであり、それを人が破壊することは認められない。自分だけではなく、不当に他人を殺めることも同様に禁じられる。一人の命を殺めることは、全人類を殺めたと同然であり、一人の命を救うことは全人類の命を救うことに等しいとされるのは、命は数ではなく、それがアッラーにより作られたという特性に基づいていると解される。

イスラーム諸国では実際に自殺のケースは少ないし、新聞記事に見ることもほとんどない。そのすべての原因がイスラームの教えとは言えないかもしれないが、多大な影響をおよぼしていることは否めない事実として、多くの関係者が語るところでもある。

一方日本は世界でも自殺件数は多く、若者の自殺率が高い方である。その原因のすべてが末法的な発想にあると結論付けるのであれば、そのためにはしっかりした論証が必要であろう。他方、虚無的な潮流が文化の基層の一つを形成しているという感覚は、多くの人が語るところでもある。虚無的とまで言わないにしても、生々流転の縁起的な見方であり、この世で苦労し頑張りぬくという生きる姿勢を是とする強い思想的なバックボーンが見出しにくい風土があるとは言えそうだ。

言い換えれば、生きる目的が明確に示されているかどうかであろう。生きがいと日本では呼ばれるものである。ところが本当は、前者の生きる目的はより自律的であるのに、後者の生きがいはより他律的である点では、両者は似て非なるものなので、要注意ということになる。これも日本とイスラームの表面上は近似しているかのようであって、実は相当かけ離れているといわねばならない、さらなる一事例である。

＊「二八．**アッラー**は、あなた方の負担を軽くするよう望まれます。人間は弱いものに創られたのです。」（四：二八）

「……言いなさい。その知識（審判の日）はただ**アッラー**の御元だけにあります。しかし大半の人びとには、（これが）わかりません。」（七：一八七）

「二三．また何事でも、わたしは明日それをします、と断言してはいけません。二四．ただし、もし**アッラー**が御望みなら（イン・シャー・アッラー）と（言わない限り）。あなたが忘れたときは、あなたの主を思い出しなさい。そして言いなさい。きっとわたしの主は、これよりも正しい道に近付くように、わたしを導いてくださることでしょうと。」（一八：二三－二四）

人は弱い存在である。その弱さを思うからこそ、偉大で強大なるアッラーに嘆願するということになる。何かに頼らなければ自らを支えることは難しいし、自分で支えていると思うや否やそれは現実ではないという意味で、不遜であり傲慢につながっていることも再確認される。

いつ最後の日が来るのかとは、預言者ムハンマドに再三人々が尋ねたようである。それはアッラーの専権事項であり、人に知る余地はない。そこで歴史上は、そのような最後の日の兆候は何かという詮索も多岐にわたって行われたところであった。そこでアッラーがお望みならば（イン・シャー・アッラー）の一言の、絶大な意味合いが浮き彫りにされるのである。

その一言は、すべての差配はアッラーの手中にあることとの再確認であるが、それよりもまずそれは、アッラーを意識し、さらにより意識させるところに意義があるといわねばならない。それは決して約束事をごまかすとか、いい加減なつもりであるという趣旨ではない。これも多く日本人の誤解しやすい所である。少なくもこの一言の重みを十全にくみ取れる人は限られているのではないだろうか。

次にはその一言は、自ら、そして人間というものの小ささと非力なることを改めて示し、認知する意義がある。その非力なることは、権力者であろうが一市民であろうが、絶対主の前では何も変わらない。

こうして今現在より先の話は、すべてアッラーのご意向次第という構造が改めて顕現するということになる。このような世界観を自然と持ち得なければ、本当にはイスラームを語ることは難しい。逆に言えば、イン・シャー・アッラーと自然にかつ素直に口をついて出るようになる時には、イスラームの新たな芽が育っているとさえ言えるのである。

＊「あなた方が（戦場でも）挨拶されたときは、それよりもさらに丁重な挨拶をするか、同じような挨拶を返しなさい。」（四：八六）

戦場での礼儀作法がうるさかったようだ。日本でも自分を名乗り、相手に正体をはっきりさせることが、武士の作法であったのと同様であろう。そこに戦うとはいっても、人間としての尊厳と自負心が燃えているのである。極限状態でもそうであるというよりは、極限状態であるからこそ、人としての最善、最高の美徳に拘りたいとする気持ちは彼我ともに近似していると考えられる。

さて戦場ではない、日常生活ではどうだろうか。ここの教訓は、ましてや市場の日常生活ではそのように心掛けよ、という点にあるのだろう。それは挨拶だけではなく、道徳や作法一般である。もちろん日常生活がいわば人としての常なる戦場なのかもしれない。日々精進するという心構えは、戦場でも市場でも変わりないと理解される。

＊「二〇五．そしてあなた（ムハンマド）の主を、自分の心の中で畏れ謹み、大声を控え、朝な夕なに唱えなさい。不注意な人たちの仲間となってはいけません。二〇六．本当にあなたの主の御元にいる人たち（でさえ）、かれに服従することで高慢にならずに、（ひたすら）かれ

を称賛し、かれに平伏（サジダ）しているのです。」（七：二〇五－二〇六）

祈りは静かに心の中で行うものであるということ。このようにアッラーにひれ伏す姿が、礼拝である。イスラーム以前のアラビア半島の民は傲慢で、何かにひれ伏すことなどなかったのが、イスラームによりそのような習性を変更させたというのである。多神教時代は唯一神でなかったという問題だけではなく、このような傲慢さも大変な間違いであり、社会に広まった悪弊となっていた。

翻って現代日本で謙虚に心からひれ伏す対象を持っている人は、どのくらいの率なのだろうか。そういう姿に自分の正体を見るという経験とそのような時間の貴重さが改めて強調されるところである。そこで著者が非常に重要と感じるのは、現代日本でも何かにつけて参加者全員で短いなりに黙祷の時間を持つことである。それは信条の如何を問わないし、時間や経費の掛かる話でもない。それは共有される精神的な空間と時間である。

幾多の宗教対話の機会には、全員で黙祷する時間が設けられることがある。それは信教の如何を問わず貴重な空間と時間の共有として、広く受け入れられているようだ。そのようなプログラムをもっといろいろの機会に設けることはできるし、緩やかな時間は行事や作業も円滑にすることが期待される。国会でもそのような景観が見られれば、新たな余裕と生産力につながるのではないだろうか。

人は、本当は祈りたいと思っているのだ、などと言うと語弊があるかも知れないし、意地でも反論する人が出ることだろう。人は他人の内心を判断することはできない。しかしそのような黙祷の機会を設ければ、少なくとも人間性を共感し、謙虚な自分を取り戻すこととなるのではないだろうか。

＊「……本当に善行は、悪行を消去させます。これは（**アッラーを**）意識する人たちに対する諭しとなります。」（一一：一一四）

「ただし、改心し信仰して善行に励む人は別です。**アッラー**はかれらの悪行を、善行で置き換えます。**アッラー**はよく赦すお方で、慈悲深いお方なのです。」（二五：七〇）

悪行を犯しても、アッラーはその人の善行で抹消し、補填し、代替させてくれるというのである。ここにイスラームの明朗な姿勢を見出すし、またアッラーの力により人がこれから過ごす日々を前向きにリセットしてくれることも理解される。信徒間の心的温かみとこのリセット力こそは、今日でも世界でイスラームが他の宗教よりも勢いが温存されていると原因ではないだろうか。それはイスラームの寛大さにもつながっている。

以上のような明朗さや復活力の源泉となるような伝統は、日本ではあまり見受けられないとも思われる。「七転び、八起き」というのはそれに近いが、いかにも現世的である。このような源泉がアッラーというイスラームの唯一最大の力によって、担保されているのであるから、これは次元が異なっているといわねばならない。

ただしイスラームで、どうしても抹消してもらえない悪行もある。

「もしあなた方が禁じられた大罪を避けるなら、**われら**はあなた方の悪行を消去させ、栄誉の門にあなた方を入れるでしょう。」（四：三一）

そこで大罪とは何かが問題となる。一般的にはそれは、多神（シルク）、親不孝、殺人、利子、魔術、孤児の財産着服、敵前逃亡、姦通の中傷であるとされる。このように諸説あるとしてもそのまま受け入れられているのは、これが法学や神学ではなく、道徳の分野であるからだろう。法学であれば代償の規定は細かくあるし、神学上も儀礼の不履行に関する断食など、補填の詳細は明記されているからだ。そして最終的には、信心をしっかり持てるようになれば、楽園行きは保証されているとも出てくる。

「六五．もし啓典の民が信仰して（**アッラー**を）意識するなら、**われら**はかれらから悪を取り除き、きっと安楽の楽園に入れるのです。」（五：六五）

＊

少なからず人生訓が、クルアーンなどのイスラームの言葉の中に見出しうる。その多くは日本的な感覚に直球を投げかけてくるものである。日本にイスラームが紹介されてゆくのは、これからも世界文化の一翼であるイスラームを消化するために必要なプロセスであるとは一般的に言えることであろう。しかし具体的にそれはどういうメリットがあるというのだろうか。その一つとして、広く深い歴史の中で育まれてきた人間生活の教訓を習得するチャンスであるとしたら、それは明らかに日本として、うまいとこ取りの作業として有益なものなのであろう。

八、イスラームを内から見ること、外から見ること

日本からの巡礼団

イスラームを内と外から見て、何がどのように異なって見えるのだろうか。これはイスラームに限らず、異文化についてまわる恒常的な問題である。意外と歪んだレンズを通して見ているのではないか、あるいは知らない間にボタンの掛け違いをしているのではないか。イスラームとは歴史が浅い上に、地理的にも遠いので、日本にとってこの種の健康診断は必須でもある。もちろん内外の両視点の関係は、互いに満足のゆく円満解決を期待するというより、互いに切磋琢磨するエンドレスなせめぎ合いの続く関係ということではあろう。

（二）二重のレンズ

日本を「富士山と芸者」で描写するのは、欧米から見てのイメージとして定着していた。しかしそれに違和感を持たない日本人はいなかったはずだ。イスラームを内から見る、あるいは外から見るというのは、これと同様な問題である。この課題はイスラームに限らず、すべての異文化や価値観に通底することなので、直ちに問題点を理解する人は少なくないだろう。

一つの事例として考えられるのは、日本における仏教学である。研究者や専門家の非常に多くが実際に僧籍にある僧侶であるか、あるいは僧籍にはなくてもその人の出自や背景からして、包み込んでいる空気全体が僧侶のそれとほぼ同じというケースである。そこでは基本的に違和感のある、異質な不協和音は聞かれない。この現象は日本が文化としては仏教が流布している国である以上、何も不思議なことはないといえよう。

そこでイスラームに戻って考えると、日本は非イスラーム国でありイスラーム文化はいまだに相当異文化であるので、非イスラーム的な発想や思考がはびこりがちだとしても不思議はないのだ。だからかなり長年専門的にイスラームを扱ってきた人たちも、この風土病を意識的な努力なしで免れるものではないようだ。いくつかの実例を挙げてみる。

＊日本的宗教感覚

穢れやそれを清める禊《みそぎ》という感覚は、日本人に広く共有されていると見られる。これは神道を信奉するかどうかではなく、生活レベルで浸透している価値観であり習俗である。少し冗談のようだが本当にあった話は、東京のイスラーム礼拝所で葬儀があった時、その入り口の左右両側には塩が盛られていた。著書はそれを発見して、即刻撤去してもらったが、大半の日本人ムスリム参列者は誰も気にしていないようであった。

ムスリムの外国人来訪者を見学のため神社に連れて行くと、まず入り口でトラブることが多い。歓迎の宮司さんは手を洗って体についている穢れを清めることを求めるが、そういう理解を持てないムスリムはその手洗いを拒否することがあるからだ。多くの日本人はイスラームでも礼拝前には洗浄するので、同じことのように思いがちだ。しかしイスラームのそれは砂塵を払うという物質的なものが主体であり、心を洗うというのは付随的なものである。しかも心を洗うというのであっても、穢れを想定してそれを洗浄するのとは異なっている。礼拝に集中するということが、眼目だからである。

神仏習合の発想は、宗教思想の段階以前に日本人の融和的な思考選択という土壌が基礎にあると言えよう。つまり何であれ、対立軸を作りたがらないということである。忖度や協調性の重視ということになる。イスラームもこの風土病にこれからも晒されてゆくことになる。万物の第一原因であるアッラーは、何事とも手を組むことなどなく、文字通り天上天下唯我独尊という、釈尊の言葉をそのまま具現する立場にある。万物は因果応報の縁起を土台としてあるのではなく、「有れ」という絶対主の一言の命令のために存在するのだというのがイスラームである。それは周囲の状況や物事とは隔絶した存在感であり、これも日本人にとっては極めて異質である。日本でなじみのある、生々流転で流れる水の感覚ではないのだ。

＊欧米のレンズ
日本の習俗が第一のレンズとすれば、イスラームを見る時の欧米のレンズが第二のものである。日本には欧米のイスラーム学や広くはイスラーム感が相当色濃く影を落としているからである。

まずは「イスラームでは」あるいは「イスラームの場合は」といった、軽いものの言い方に欧米経由の残滓を感じざるを得ないケースが少なくない。つまりイスラームを一まとめにして見ている姿勢だが、そのような姿勢は例えば仏教を語るときにはまず考えられないだろう。「仏教では」という言葉の響きは、耳になじみのあるものではない。というのは、仏教の幅の広さや深い歴史は日本人には当然すぎるくらいわかっているから、そのような言葉使いが出てこないのである。

要するに欧米のイスラームを見る目には、いろいろの立場や事情が絡んできた。古くは軍事的宗教的な敵であったことだけではなく、東洋趣味的な見地やあるいは被植民地文化として一段低く見ることが多かった。または第二次大戦後は米国起源の地域研究の立場は、政治、経済、文化と多角的な視点を総合的に戦略手段として利用しようというものである。そうなるとイスラームは一つの範疇に押し込められて、アジアに「仏教の場合」があれば、中東の「イスラームにおいては」ということになる。

別のポイントとしては、欧米の物差しでイスラームを論じるケースである。一例としては、イスラームにはキリスト教のような宗教会議がないから、分裂傾向が強いとする見方があるようだ。都内のある講演会で日本人のイスラーム研究者が、イスラームにおいて多くの分派があるのはキリスト教のような宗教会議がなかったからだと説明していた。しかし実際は、イスラームでは宗教会議を開こうという考えがあったのにそれが実現しなかったのではない。逆に言えば、アッラーの唯一性を認めてそれへの帰順を誓約することにイスラームは尽きるのであり、それ以外に関しては見解の多様性を正面から認めるという発想なのである。だからそれは宗教会議開催案とは、相当かけ離れた思想上の前提であるといえよう。そのようなイスラームの特性を踏まえない見地や分析は、一見日本人一般には分かりやすいとしても、要するにイスラームの実態から離れて空回りしているに過ぎないということになる。

次には、もう少し手の込んだ問題を取り上げなければならない。それは、英語の holy の訳語である「聖」という一文字を巡る問題である。

「聖クルアーン」という表現は普通に見られるが、これは全く衝撃的なものであるということになる。以下まずは、神性を帯びて無欠であるという意味の「聖」が付されるイスラーム用語は全て誤解に基づいていることを指摘する。

・聖地……聖地といっても三種類ある。第一には巡礼の際に巡礼着を着用する「巡礼の聖域」（マッカとマディーナを含む南北約五〇〇キロ）、第二にはマッカを中心とした地域で、東西約三五キロの聖地（黒石の光が届いた範囲とされる）、第三にはマッカ市であり、さらには聖マスジドそのものを指す。いずれをとっても「聖」に相当するアラビア語は、ハラムであり、その意味は戦闘や樹木伐採禁止などの禁忌《タブー》があるということである。Holy Land などと呼ばれても、原語ではどれも、「聖」とは別物である。

・「聖クルアーン」……アラビア語では、クルアーン・カリームである。カリームの原義は、高貴な、あるいは一般に当該分野で最良のものという意味である。ラマダーン月はカリームであるが、それも慣用として「聖なる」月と訳されることが多い。しかし上記と同様で、その原義は「高貴な最良の」月ということになる。英語でも、The Holy Quranとするのは普通に見られることだが、この場合はそもそも英語訳が間違っているということになる。これは恐らく、The Holy Bibleの発想の延長であろうが、最近は注意深く、The Noble Quranと英訳されている例を見ることができる。なおクルアーンが「聖」であると言うなら、それは神聖なものとして崇拝の対象になることも意味する。これはイスラームで最大限戒められる、アッラーと同列者（シルク）を置くことになってしまう。これほど不敬で、背信の行為はないという結末である。

・カアバ聖殿……アラビア語ではアルカアバ・アルムシャッルラファであり、その意味は「栄誉ある立方体」である。従来は「神殿」とされ、そこにアッラーが降りてこられるなどの誤解を生じる原因となってきた。英語で、The Holy Kaabaとする例は少なくない。

・聖者……アラビア語ではシャリーフ、サイイド、ファキーフ他多くの用語が当てられるが、それは名士、棟梁、法学者などの意味合いであり、「聖」という概念は入っていない。キリスト教のholy saints「聖者」の影響で、それらを一まとめにして呼ぶときの名称となったということである。ただし歴史上、名士たちの墓廟参りが盛んとなったことがあるが、それは聖者信仰になってしまうものとして、イスラームの浄化運動では追放の標的とされたものでもあった。そもそも人間が神性を帯びて聖人化するという考えは、シーア派のイマーム論を別とすれば、イスラーム外のものである。

欧米由来の問題の一側面として、「聖」の一文字がイスラーム関連で乱用されがちな事情があることに加えて、検討をもう一歩進める必要があるだろう。つまりイスラームには、そもそも日本語でいう神性を帯びたという意味の「聖」概念は存在しないということである。

・神性は拒否されること……発想を逆転すれば、万物はアッラーの創造によっているのだから、その意味ではすべてが神性を帯びているといえる。それがイスラームには「聖」概念そのものがない最大の原因であろう。補足すればイスラームでは聖俗で世界を二分割することもしないし、聖職者の存在は認められていない。またマルヤムの子イーサー（イエス）を神の子として神性を認めたことで、キリスト教の三位一体は多神信奉であるとされ拒否された。またユダヤ教徒は黄金で仔牛の像を造り崇めたが、そこに神性を認めたことで偶像崇拝として、クルアーンでは拒否された。つまりクルアーンで正面から否定された論拠そのものが、アッラー以外に神性を認めるものの存在を設けたことにあるのだ。

・用語の検討……「聖」と訳されることの多いアラビア語はクドゥスィーであるが、その原義は辞書的には「格別に清浄で無欠である」ということだ。因みにクルアーンには一〇回に渉りクドゥスとその派生語が出てくるが、七回は聖観念の横行したユダヤ教とキリスト教の関係であるが、三回はイスラームの関係だ。しかしそれら三回とは、いずれも「清浄無欠」をアッラーの特性の一つとして代名詞のように用いるか、あるいは美称の一つとして出てくる場合に限られる。要するにその場合「清浄無欠」で指し示されるのはアッラー自身であるのだ。「聖」は神性あるもの、つまり換言すれば神以外のものであるから、これらの「清浄さ・無欠さ」を意味するクドゥスは、やはり神性を帯びるという「聖」概念とは別物だということになる。

・「アッラーは神性を帯びている」とは形容矛盾……最後にダメ押しのような事例がある。二〇一九年二月初めにカイロでイスラーム世界評議会の会合があり、最終セッションにおいて昨今のイスラームの動向を踏まえた総合的な見解がカイロ文書として採択された。(52) その中において、「聖」概念に関してのパラグラフが入って、人や物を軽々に聖視すべきではないとして、聖(クドゥス)扱いするのは、アッラー、クルアーン、そしてハディースに留めるべきだと明言された。この文書でも「聖」とは格別の清浄さ・無欠さを指しているのであり、決して神性さを帯びていることでないことは明白である。さもなければ、「アッラーは神性さを帯びている」と言うこととなり、それは文字通りの形容矛盾であることは、多言を要しないであろう。

以上、要するに欧米のレンズ効果の一端として、英語でholyと言われること自体が誤解の原因ではあるが、それにしても訳語として「聖」の文字が当てられることがイスラームを歪曲する結果となっていると言えよう。さらにそもそもイスラームは神性さを認める存在を拒否してきたことも明らかになったと考える。さらにこの問題を巡っては、日本の文化には聖概念が安易に出回る傾向が根強い事情も看過されない。巷に、ラーメンの聖地、温泉の聖地など、格別感を醸し出すためにはほとんど何もためらわずに、聖の一文字が加えられるのは周知の事実である。事実、「聖」概念はイスラームには存在しないという見解については、多くの日本人研究者も直ちには首を縦に振ってこない感が強い。骨の髄にまで浸み込んでいる文化的感性の問題は、直ちに抹消するわけにゆかないのは、あたかもマッカの多神教徒たちがイスラームの一神教の説諭にしぶとく抵抗した様子が想起されるほどだ。(53)

(二) 内から見るイスラーム

イスラームを内から見ると、どのような世界が開けているのだろうか。第一に取り上げるのは、「イン・シャー・アッラー」の世界である。

ア．イン・シャー・アッラー（アッラーが望まれるならば）の言葉は、得てして回答をごまかすための表現と見られがちだ。確かに日常のアラビア語用法としては、半分はその通りである。しかしもう半分は、心底よりアッラーのお考え次第である、と思っての言葉である。そのように真剣な表現としては、実に白黒に運命を二分するものとして、鋭い感覚で受け止められることを改めて心に刻む必要があるということである。

それを直ちに悟るのに役立つクルアーンの節は、次のくだりである。

「かれらと同じく、**われら**はある（果樹）園の持ち主を試みました。かれらが早朝に収穫することを誓った時、（**アッラー**が望まれるならば、という）例外を付けなかったのです。それでかれらが眠っている間に、あなたの主からの巡り合わせ（天罰）がそれ（果樹園）を襲いました。そこで朝には、それは摘み取られた後で、黒い焦土のようになりました。」（六八：一七－二〇）

その人は、イン・シャー・アッラーと言って、アッラーの意思は別だと断らなかったが、常にすべてはアッラーのご意向次第ということを失念していたというのである。それは将来の可能性を白黒に二分するわけだが、その決定権は人間にはないということを確認するかどうかがポイントである。

イ．もう一つ別のケースを上げよう。クルアーン中に頻出する「悲しむなかれ」という表現の理解である。「希望」という言葉はたった二回しか出てこないのに比べて、「悲しむなかれ」の方は多少の変化形も入れれば、実に四二回も扱われているのである。ところでそれは我慢しろ、という文脈では信者の忍耐を説くものと重なって来るが、しかしその真意は、主の恵みを忘れるな、ということなのである。つまり、あまりに過度に悲しんでいるということは、それまで受けてきた多大なアッラーからの恵みを失念している恐れがあるので、「悲しむなかれ」として警告が発せられるのだ。恵みを失念することは、すなわちアッラーへの感謝を忘れ、結果として信仰をないがしろにすることを意味する。そこで過度の悲しみは、不信仰の端緒を開くこととなるという点が、一番のポイントなのである。

ウ．次は、善行に対する報奨のあるなしの判断基準。再び都内での会合の話だが、クルアーンを巡るシンポジウムがあった。その際に次のような話を著者よりした。その日は都内が雪で白くなったが、寒い中を参加した人には報奨があるとイスラームで考えるのは当然、しかし安全や健康を考えて欠席した人も種々悩んで尽力して決断したので、やはり報奨があるのであると。その話を受けて、結局どちらでも報奨があるのだと言う人もいれば、また人は自分の判断で、進退を自由に決めて良いという教えだと結論付ける人もいた。前者だけであれば、それは現世的な判断である。後者に収めるだけならば、アッラーに許された人間としての自由意思の世界に属する法学的な見地である。

しかしここのポイントはそれらのいずれでもなく、最善の尽力をしたかどうかの心のプロセスが、信仰上の問題ということなのである。報奨の有無やその大小はアッラーの専権事項であり、善行への決意と実行が信心の領域なのである。そこで日常的で即物的な世界とは異次元の信仰世界があり、その中に入ることがクルアーンにアプローチする前提条件だということになる。それを一般論として言えば、固有の価値体系としての宗教世界そのものが念頭にあり、それで心が充満されていることが、経典を扱う上で必須条件だということになる。

エ．次の論点は、繰り返し論法に関するものである。イスラームが基礎とし、その背景に持っている社会、言い換えればその文明的な成り立ちが現代日本とは非常に違っているということがある。今の日本は明治以来の欧米社会に追いつけ、追い越せを目標にして生きてきた、いわゆる近代化路線第一主義であった。それと際だって対照的なのが、イスラームの世界なのである。それは一言で言うならば、繰り返しを尊ぶ文化といえる。

クルアーンが分かりにくくて、読みづらいとされてきた一つの大きな理由は、その全体の流れが判読しにくいということがある。確かに著者自身、クルアーンが引用されているものを見ると、いつも非常に短い句や節が前後の脈絡からは切り離されて、ぷっつりと記されているのに、少なからず違和感を覚えさせられてきた。他方アラブ民族の思考様式として、一つ一つ、そして一瞬一瞬に移り変わる姿がすべてであり、全体の流れや内在する連関性に注意を払うことがないという特性があるとされる。そしてそれは砂漠生活の特徴として、刻々と速やかに変化する大自然の中で培われた生活感覚に支えられたものとされてきた。

このような非連続的な存在感は、ばらばらであることをもって自然と受け止めるので、原子論的存在論とも称されてきた。例えば、千夜一夜物語のように、一夜毎の小話の連続に終始して、全体を覆うストーリーや哲学には無頓着であるというのである。そしてこの原子論的存在感覚は、クルアーンにも妥当しており、したがってそれは片言隻語のような短い表現のばらばらの集積であるということになる。ところが一方では、あれほど信者の心を捉えて離さないクルアーンは、本当に小さな切片の積み上げに過ぎず、全体の構成は無視されているのであろうかという疑問は、半世紀に渉って著者の心の中に消え去らずに推移してきた。

そんな中、一つの重要な節がクルアーン自身の中に埋め込まれていることに、和訳していて改めて気が付いたのである。「**アッラー**は最も美しい教えを、互いに似た（一貫した比喩を）繰り返す啓典で啓示しました。」（三九：二三）

繰り返すということは、どういうことなのであろうか。そのような話法や論法は現代の日本、あるいは現代文明の中では非能率の象徴のようなものであり、むしろ積極的に拒否され、一段低い思考様式、あるいは低いレベルの頭脳の働きと見なすのが普通であろう。能率優先であり、その中には進化であり進歩が実現されているというスタイルが、現代で普通に歓迎されるか、もしくは当然視されるからである。しかしよく考えてみると、この繰り返し論法はそれを好むかどうかは別問題として、一つの立派な流れを構成しているのであり、確固たる構造の基礎をなしていると見なすべきなのではないか、とも気付いたのであった。

いま一つ同様なことに気づかされた契機は、和訳するに当たって理解促進と思って、クルアーンの各章において、主なグループ毎に見出しを入れることとしたことであった。見出しを付ける作業を継続して実施する中からも、やはりこの繰り返し論法が如実にその姿を浮かび上がらせたのであった。実例として、最も長い章である第二章「雌牛章」の見出しの具合を見てみよう。

①信仰対不信仰（一～二〇）
②アッラーの創造と知識：アーダムの物語（二一～三九）
③イスラーイールの民への立法（四〇～八六）
④ムスリムへの試練：ユダヤ教徒とキリスト教徒の嫉妬心（八七～一二一）
⑤中庸の信仰共同体：カアバ殿の建立と礼拝の方向（一二二～一五二）
⑥ムスリムの試練（一五三～一六七）

⑦ムスリムへの立法：新たな共同体の形成（一六八〜二四二）

⑧アッラーの創造と知識（二四三〜二五五）

⑨信仰対不信仰：施しの勧めと利子の禁止（二五六〜二八六）

⑤を中心として、前後の各節はそれぞれ対応しているのである。初めの①は最後の⑨で繰り返されているし、②は⑧で、そして③は⑦で、最後に④は⑥で繰り返されている。

このような各章におけるそれぞれの節の繰り返し構造は、まずほとんどの章において実に忠実に反復されている。繰り返し論法は、イスラーム諸国では格別に意識されるわけではない。クルアーンに関しては、イスラーム諸国では幼少期より耳にし、口にし、目にすることで、その繰り返し調がなければ、心に訴えるものがないという習性が出来上がっている。小学校を出る頃までには、クルアーン全体の顚末がすっかり頭に叩き込まれ、またさらにはそれが自らのアイデンティティともなって、心の一部になり切っているのである。これこそは文化の違いである。

話の鮮やかな変化ではなく、繰り返される中から出てくる微妙な変化や、グラデーションを楽しむ文化である。そのことは、アラブ音楽のメロディーの特徴としても想起されるので、納得する読者は少なくないと思われる。こういった状況は、明らかに「進歩」主義の近代欧米社会ではない。和訳作業を通じて、繰り返し論法がクルアーンを通底していることに改めて気付かされ、またさらにそれは欧米近代社会の成り立ちとは異質なものであることにも気付かされたのである。

＊

以上で「イン・シャー・アッラー」、「悲しむなかれ」、「ジハードの報奨」、そして「繰り返し論理」の世界という諸例を挙げて、イスラーム固有の世界を見てきた。そして外から見るのとは、別の風景であるということも明らかになったかと思われる。そしてイスラームのこころを理解して把握するための、イスラームの内からの視点の意味合いは鮮明になったかと思われる。もちろんこの論点は、いわばクルアーンを理解すればイスラームの信仰が分かると言いつつ、他方ではその信仰がなければクルアーンを理解できないと言っているという難点を含んでいることは認めなければならない。つまりそれは鶏か卵かどちらが先かというのと同じ問題を提起していることになるのだ。

しかし実際はそれほど論理的に先鋭化する必要ないのであって、要は程度問題なのである。信仰の確信が強まればクルアーンをより鋭く理解できるようになることは請け合いである。また当然クルアーンを熟読すればするほど、そのこころを自分のものとして会得するということである。この互いの関係は、両者のせめぎ合いであり、終わりなき探求と求道あるのみというこ とになる。そのような際に、異文化を扱う以上、その内と外の観察視点の差があり、自分の居場所について意識し、再確認する余裕と慎重さが重要だということが結論となりそうだ。

（三）日本語の語彙の不足

イスラームを内と外から見る問題でより具象的な課題として、使用される日本語の術語の問題がある。日本語はアラビア語ではないので、慈悲、あるいは禁欲や聖地などの術語には日本の文化的な脈絡を背負わされているという問題である。

まずはイスラームを語る日本語には、現状よりは遥かに細かな神経を働かせるべきだということだ。文化的歴史的にかけ離れていることは、今さらどうしようもないが、紹介しようとする意欲の余り、早とちりや乱雑な表現をしないように最大限注意する必要がある。そうでなければ、全くの砂上楼閣となり、何か事があればたちまち総崩れとなる代物に過ぎないということになる。

以下は言語のかなり機微な内容になるので、専門的な色彩を帯びることを予めお断りしつつ、その事例としていくつか取り上げてみる。

ア．訳語の不足と欠如

「慈悲」という言葉を知らない人はいないだろうが、イスラームのそれは絶対主であるアッラーのみが発揮しうる働きであるという認識はまずないのが普通である。またイスラーム流の定義でも、慈悲とは人間の情け心のようなものであり、それ以上は定義不可能であると説明されている。人間ができることは、そのアッラーのお慈悲を自分の周囲の人々にももたらされるようにお願いすることに限られるのである。(54)

「正義」も同様である。イスラームの正義概念は、本来アッラーから見てあるべき状態が正義であると規定され、認識される。それは極めて抽象的なものであるので、そもそもテロリストなどがその直接行動の原動力とする性格のものではない。しかし時代の趨勢からして、そのような事態が生じてきたというに過ぎない。イスラームの教える正義とは、人権であれ、政治経済的な利害関係であれ、広い平衡感覚ともいえるものである。日本語の正義とはいわば勧善懲悪的な、あるいは喧嘩両成敗的な感覚のものであるとすれば、それとは相当異なっている。基準が人間ではなく、アッラーという絶対的スタンダードに照らして判断されるものだからである。

イ．誤訳、慣用的用法の流布

従来誤訳であり、あるいはあまり適切ではないが慣用的に流布されている訳語も、相当難題である。その最大の事例として取り上げたいのは、イッタカー（意識する、畏れる）という単語である。従来は、「アッラーを畏れる」とされてきた。アッラーとの関係では、アッラーを意識するという意味合いで使用されるということに注目したい。意識する、とは、内観すること、すなわち観想するともいえる。心の中で、あるいは意識の問題として、アッラーに向き合う作法である。しかし重要なことは、信者とアッラーの関係が畏怖という恐怖まがいのものではなく、まっすぐな気持ちで向かうものだという関係が新たな訳語で明確化されるべきだということである。訳業は実に繊細であり、同時に新規な姿を創出することもできるので荷が重いということになる。

次には称賛（ハマダ）と賛美（サッバハ）は、日本語では慣用的に混同させられている問題である。原語としては、称賛は感謝の極まったものとして称えることであるのに対して、賛美はアッラーが至高であることを称えることである。クルアーンでも鳥や雷がアッラーを賛美するとあるが、しかしそれが称賛することはない。ちなみにアラビア語では両者は全く異なる語根から来ているので、混乱の恐れはない。

こうして使用される術語のイスラームの脈絡における理解がそれぞれ確立される必要がある

ということになる。実はこの問題は何語であれ、翻訳をするときに異なる文化を橋渡しするということになる。実はこの問題であると言うべきかもしれない。ここではいくつかの実例をイスラームに関して指摘することで、イスラームの内の世界を希求する必要を指摘するとともに、それを確保することで初めてイスラームの実像を理解することとなる点を強調したい。その前進のためには、アラビア語など現地語をマスターすることも、当然の仕事に入ってくる。

＊

信仰とは薄いガラスの城のように壊れやすいものだ。それは地震大国の日本だからではない。物欲が横行し、見えない諸価値をないがしろにし、人の心や魂を語ることはまずないという、劣悪な精神的環境だからである。さらに言えば、信心というものはそもそも、それ自体日常の迫りくる多くの圧迫と攻撃の下で、何時も潰されそうな運命にあるということだ。それだけに、正しくありたい（誤道から救われたい）、人に優しく親切でありたいという強靭な求道の精神がなければ維持できないものだ。逆に正しい道にあることの有難さは、言葉に尽くせない。そしてその心境の安らかさも格別のものということである。

このような状況を顧みて言えることは、今後日本ではいわゆるイスラーム教学が飛躍的に進展する必要があるということではないだろうか。クルアーンやハディース学、イスラーム法学と神学など幅は広い。内側からの理解を語るには、現状は誠に線香花火のようである。地域研究としてのイスラームにしても日本では歴史も浅いし、分量的にもまだまだ不足気味である。しかし車の両輪として、イスラーム教学の振興を強調してもお門違いの非難を地域研究の方面から浴びることもなさそうだ。但しそれは言うに簡単だが、実践上その目標は遥かかなたである。

イスラームを内と外から観察する際に伴う諸問題を一覧した。そもそもボタンの掛け違いのような議論が行われたり、クルアーンを曲解する結果になっていないかという問題であったり、多数の術語や用語の彼我の文化的な背景が異なる問題という側面を取り上げた。しかしそれらに限られるという趣旨ではなく、多くの欧米の研究者の冷や汗をかかせられる発言に罪作りなものがしばしばある。それらは残念ながら、日本の研究者に投影させられるものも多数ある。従来、欧米のイスラーム研究の大半は、ユダヤ人学者の手によって進められた事情も看過されない。

こういったことすべてが、日本におけるイスラーム理解の一層の推進に横たわっている障害なのである。そしてそれらすべてが、「イスラームのこころ」をあるがままに日本で会得する際の克服すべき課題となっていると言えよう。

註

（1）従来日本におけるムスリム人口の統計を進めてきた店田廣文元早稲田大学教授は、二〇二〇年九月二六日、イスラーム・ジェンダー学科研主催「フェミニズムとイスラーム」会議において、最新の数として日本のムスリム人口は二三万人、そのうち日本人は五万人であるとした。

（2）https://www.nikkei.com/article/DGXLASGM04H0I_W5A400C1EAF000/ 二〇二〇年九月一五日検索。

（3）Hans Mol, Religion and Competition, *Sociological Analysis*, Vol. 33, No. 2(Summer, 1972), pp. 67-73 (7 pages), Published by: Oxford University Press. Laurence R. Iannaccone, Religious Markets and the Economics of Religion. First Published March 1, 1992 Research Article https://doi.org/10.1177/003776892039001012 など。

（4）五木寛之『大河の一滴』幻冬舎、一九九八年。

（5）五木寛之『人生の目的』幻冬舎、一九九九年。

（6）石原慎太郎、曽野綾子『死という最後の未来』幻冬舎、二〇二〇年。三七頁。

（7）Raymond Farrin, *Structure and Qur'anic Interpretation. A Study of Symmetry and Coherence in Islam's Holy Text. Ashland*, regon: White Cloud Press, 2014.

（8）飯野りさ『アラブ古典音楽の旋法体系――アレッポの歌謡の伝統に基づく旋法名称の記号論的解釈』（株）スタイルノート、二〇一七年、二四五頁。エドワード・サイードの「増殖的な変奏」や、「ベートーヴエン的な発展的な緊張がほとんどまったくないような反復」という表現が引用されているが、分かりやすい巧みな表現である。

(9)周知だが、夏目漱石『草枕』の冒頭を挙げる。「智に働けば角が立つ。情に棹差せば流される。意地を通せば窮屈だ。とかくに人の世は住みにくい。」

(10)拙訳『アフマド・アミーン自伝』第三書館、一九九〇年。四三頁。

(11)ムハンマド・フセイン・ハイカル『啓示の降りた場所にて』カイロ、一九三六年。三五頁。(アラビア語)

(12)澤木興道著『禅に生きる』誠信書房、昭和三一年。「むしろ自分の要求を捨ててしまって、この身ぐるみ全部を他人のために使い盡していくのが本当だ。我々はいつ死ぬかわからぬが、要するに人のためになったというだけが人生の意味だ。」二五頁など。この他にも多数の著作があるが、大半は口述記録によるもの。

(13)ファハド・サーリム・バーハムマーム『これがイスラームだ』リヤード、アルダリール・アルムアーシル社、二〇一八年。第一〇版、一三六－一四四頁。アラビア語。

(14)近代化の遅れの重大な要因は筆者の見るところ、工業製品の輸入に頼りがちなことと、外人雇用に頼りすぎたことが挙げられる。西欧への近さと西欧の売り込みの激しさからくる側面もあったのだろう。それと中東諸国の伝統的な生業は東西の貿易であり、自力更生というパターンではなかった。いずれにしても日本のケースとの顕著な違いである。

(15)『クルアーン—やさしい和訳』水谷周監訳著、杉本恭一郎訳補完、国書刊行会、二〇二〇年。第四版。なお、クルアーンの読誦を実際に耳で聞いてみることも大いに勧められる。いやそれは、クルアーンはもともと文字を読まなかった預言者ムハンマドに降ろされた啓示の言葉であることを考えれば、必須であると言うべきだろう。ちなみにさまざまな読誦の仕方を、ネットで検索するのは数秒で可能だ。アラビア語を知らなくても、その流れるような美しさに心を奪われる人は多いだろう。クルアーンの読誦方法は舌の動きや呼吸法も細かく定められた、一つの繊細な芸術の域に達して伝授されてきた。

(16) 宗教信仰の中心としての祈りの研究で知られるのは、フリードリッヒ・ハイラー『祈り』宗教学名著選、第四巻、深沢英隆監修、国書刊行会、二〇一八年。全五六八頁。二〇世紀初頭の作品でありイスラームは大きなテーマにはなっていないが、それでも教示される諸点は少なくない。宗教はその内外から見るべきこと、祈りはただの心理現象ではなく実在する神と人との生き生きとした交流であるとすることなど、議論の基礎は頷けるものである。

(17) 本書付論（二）「ラフマは「慈愛」であること」参照。

(18) 前出、バーハムマーム『これがイスラームだ』一三一-一四頁。アラビア語。

(19) ユースフ・アルカラダーウィー『信仰と人生』ベイルート、アルリサーラ社、一九九一年。七七頁。アラビア語。

(20) 同掲書、八二頁。

(21) 鈴木大拙『宗教の根本疑点について』大東出版社、二〇一〇年。新装第一版、七九-九三頁。

(22) 宗教学的な立場からの詳細なまとめとして、例えば中野毅「宗教の起源・再考——近年の進化生物学と脳科学の成果から」、『現代宗教二〇一四』現代宗教研究所、二〇一四年。二五一-二八五頁。

(23) 拙著『イスラーム信仰とその基礎概念』晃洋書房、二〇一五年。七五-一一二頁。

(24)『日訳　サヒーフ・ムスリム』日本ムスリム協会発行、一九八七年。第三巻、五八一―五八三頁、『ハディース』牧野信也訳、中央公論社、一九九三―四年、上巻、三六九頁。

(25) クルアーンで繰り返されるが、「真理によって」とは、真理のため、及び真理に基づくことの両者を含む。そして宇宙の全存在のあり方そのものが真実であり、それを真理とすることが、確たる信仰の中核にある。

(26) ムハンマド・ブン・ハサン・アルジール『イスラームの預言者物語』国書刊行会、イスラーム信仰叢書第三巻、二〇一〇年。六三―六五頁。

(27) サイイド・サービク『イスラームの教義』ベイルート、ダール・アルフィクル社、七九頁。アラビア語。

(28) 拙論「アフマド・アミーンの人生論」、『日本中東学会年報』、一〇号、一九九五年。九二頁。英語。

(29) アフマド・アミーン『溢れる随想』カイロ、第五巻一―二六頁。アルサカーファ誌、一九四三年九月四日、一七日、二一日、二八日。アラビア語。ここでは以上四本の論考の内、初めの二本の要点を抽出した。全文は、水谷周編訳『現代イスラームの徒然草』国書刊行会、二〇二〇年。六七―八五頁所収。

(30)『ハディース』上巻、七五二頁。『日訳　サヒーフ　ムスリム』第三巻、五九六頁。

(31) 拙著『イスラーム信仰とアッラー』知泉書館、二〇一〇年。アラビア語文献に基づいて、美称全体の紹介をしている。

(32)『日訳　サヒーフ　ムスリム』第一巻、二八頁。

(33) 拙訳『アフマド・アミーン自伝』第三書館、一九九〇年。四三頁。

(34) アフマド・アミーン『溢れる随想』カイロ、一九三八年。第一巻、六頁。アラビア語。

(35) イブン・アルジャウズィー『黄金期イスラームの徒然草』水谷周編訳、国書刊行会、二〇一九年。一一六一－一六二頁。
(36)『黄金期イスラームの徒然草』二一九－二一二頁。
(37)『黄金期イスラームの徒然草』一四－一五頁。
(38)『黄金期イスラームの徒然草』二一一－二一三頁。
(39)『現代イスラームの徒然草』八－一七頁所収。
(40)『現代イスラームの徒然草』一六〇－一六九頁所収。
(41)『現代イスラームの徒然草』一二八－一三八頁所収。
(42)『現代イスラームの徒然草』二一八－二二三頁所収。「溢れる随想」第八巻二六－二九頁。アルヒラール誌、一九四九年六月。
(43)『黄金期イスラームの徒然草』一五八－一五九頁。
(44)イブン・ミスカワイヒ『道徳の修練』、ムハンマド・サルマーン編、カイロ、二〇一〇年。九〇－九一頁。
(45)アーイド・アルカルニー『悲しむなかれ』リヤード、ダール・アルウバイカーン社、二〇一一年。
(46)『日訳　サヒーフ　ムスリム』第一巻、五三頁。
(47)前出『道徳の修練』二〇七－二〇八頁。
(48)フサイン・アミーン「アフマド・アミーンの思想家、歴史家としての姿」アルハヤート紙、一九九四年一〇月八日。アラビア語。
(49)サーリフ・ビン・アルアジーズ・アルムハイミード『一〇〇〇のカード－儀礼、信仰、教育』リヤード、ダール・アルカースィム、一四二五年。ヒジュラ暦、アラビア語。

(50) ムハンマド・ビン・アブドルラハマーン・アルアリーフィー『あなたの人生に笑みを』カイロ、ダール・イブン・ラジャブ、一四三四年。ヒジュラ暦、アラビア語。
(51) 前出『悲しむなかれ』アラビア語。
(52)「アル・イスラーム」日本ムスリム協会季刊誌、二〇三号、二〇一九年五月発行。二七頁。
(53) 日本語における定義方法も含めて、全幅の議論は複雑で長くなるので別途拙稿を参照願いたい。拙論「イスラームにおける「聖」の概念」。拙著『概説　イスラーム信仰論』明石書店、二〇一六年所収、一七九－一九七頁。
(54)「慈悲」という仏教用語を使用するのが適切かは、直ちに疑問が持たれるところである。また内容的にもそれは「慈愛」の方が、原語のラフマの意味内容であることに関しては、本書の付論（一）を参照。
(55) http://www.hukkoukaigi.org.jp　一般社団法人日本宗教信仰復興会議のホーム・ページ真空（論考）欄に掲載の拙稿「宗教信仰復興の二つの課題」では、人の心のバランスを取り戻す人間復興という課題と、戦後日本の社会改革の積み残しの完遂のため宗教の社会参画の必要性という課題を指摘した。合わせて検索することを勧めたい。
(56)『宗教辞典』東京大学出版会、一九九〇年。「愛」の項目。
(57)『中国訳解古蘭経』サウジアラビア・ファハド国王クルアーン印刷所、二〇〇七年。
(58) 本論は前出拙著『イスラームの精神世界─信仰の日々』日本サウディアラビア協会、二〇一三年、から抜粋して適宜編集した（一八八─二〇八頁）。
(59) 二〇二一年初頭では、一〇〇〇万冊以上とされる。https://ar.wikipedia.org　一月一一日検索。

（60）前出アーイド・アルカルニー『悲しむなかれ』リヤード、ダール・アルウバイカーン社、二〇一一年。アラビア語。三七五頁。

（61）前出イブン・ミスカワイヒ『道徳の修練』ムハンマド・サルマーン編、カイロ、二〇一〇年。二二〇―二二四頁。

おわりに

本書のようにイスラームの信仰を正面から扱ったものは、わが国ではほとんど出されていない。本書と漢字の一字を除いて同名の『イスラームの心』という本も非ムスリム研究者の筆によって一冊出てはいるが、その内容は信仰とも心ともかなり縁遠いもので、制度比較など社会科学的なものになっている。このような命名法を見るとますます、本テーマを扱うことが望まれてはいるものの、いかんながらそれは容易でないことを、身をもって知らされるのである。

他方信仰と正面から向かい合わないのは、広く言えば現代日本社会の全般的な兆候であるともいわなければならない。それが戦後日本の特徴的な傾向であるともいえる。したがって本書の背景にある大きな課題はイスラームの紹介を越えて、このような現代日本の風潮に竿を刺すことにあるということにもなる。現代社会の多くの精神的な混乱や付和雷同の世相を嘆く声は強いが、それらの多くを貫く一本の潮流は、宗教信仰の筋金が失われてきたという大きな事実

ではないだろうか。(55)

このようなイスラーム関連の空白を埋める出版物への期待が随所にみられるのが、昨今の現象と思われる。一つにはテロ活動の鎮静化に伴い、イスラーム本来の姿に関心の的が集まり始めていることがある。二には、大学生を中心として関係講座の増加もあり、イスラームを学習しようとの機運が強くなってきていることもある。さらには高齢者の関心も看過されない。社会一般には人生論やさらには看取りの研究もしきりに実施されているが、それではイスラームではどうなっているのかという自然な疑問である。これらいわばイスラームの内心に立ち入る一般的な啓蒙書に対する需要が、ひしひしと感じられる昨今である。そこで本書を執筆した。

信仰の中からの視点を重視しつつ、著者はすでに多くの講演をしたり、講座を開いたり、また多数の書籍も公刊してきた。拙著である『イスラーム信仰概論』は信仰の全体像を提示する教科書的なものであるし、『黄金期イスラームの徒然草』や『現代イスラームの徒然草』では信仰の実態を古今のムスリム賢者の随筆の中に求めた。さらに昨年には、『クルアーン――やさしい和訳』で、イスラームの原典をなじみやすい邦語訳で提供し、幸い多方面の方々に歓迎された。

本書によって以上のような一連の流れを、今一歩前進させたい。広い層を念頭に置きつつ、理解されやすいように記述した。なおそれでも納得しにくい所があれば、それはひとえに著者の非力のためであり、読者各位のご寛恕をお願いしなければならない。

水谷周

付論（一）　ラフマは「慈愛」であること

「ラフマ」は多くの場合、「慈悲」と訳されてきた。筆者自身も例外ではない。イスラームの道徳の本などでは一般論として、ラフマは人の痛みや苦しみ、あるいは楽しみや喜びの感情を、自らのこととして感じ取ることであるとされている。したがってそれは、日本でおなじみの情けや共感に極めて近いと言えそうだ。しかしラフマも多くの感情と同様に、結局は厳密な定義は難しいとされている。

慈悲は日本の文化にすっかり根付いているので、用語としては幸いほとんど違和感がない。ただし懸念は、それは本来仏教文化の中枢にある言葉だということだ。本論の趣旨は、イスラームの日本招来に当たっては、慎重な作業が必要となる一事例を示すためにある。

＊仏教的慈悲に欠ける「愛」の要素

慈悲は仏教用語としては、苦を抜き、楽を与える（抜苦与楽）の意味であり、特に「悲」の方が重視されて、「大悲」という用語でその重要性が示される。また仏教ではキリスト教で説かれる「愛」を愛着として捉えるので、それは排除することとなる。物事に執着するのは、人の持つ煩悩の一つで克服すべき対象なのである。[56]

他方、日本では抜苦と与楽はあまり区別されずに捉えられて、慈悲は一般的には目下の相手に対する「あわれみ、憐憫、慈しみ」の気持ちを表現しているとされる。しかしやはりそこには「愛」の要素は、前面には出てこない。

ちなみに「ラフマ」の中国語訳は、ほとんどの場合、「慈恩」と訳されている。憐憫、慈憫、仁慈、恩恵なども使用されてはいるが、少数である。[57] 慈恩の一般的な日本語としての意味合いは、厚い情けと理解して差し支えないだろう。

なお日本で慈悲がラフマの訳語として採用された背景には、他のイスラーム用語における場合と似た現象があったのだろう。つまりラフマの英語訳が mercy なので、その日本語訳として、慈悲が自然だったということ。ところが mercy も、やはり「愛」の側面よりは、情けや容赦といった側面に比重が置かれていることは変わりない。

こうして定着したラフマの訳語としての慈悲は、基本的に「あわれみ」の比重を大きくしたものとして理解されることとなった。そこで検討すべきポイントは、従来通り「慈悲」という訳語はイスラームのキー・ワードでもある「ラフマ」の中心部分を伝える機能を十分に果たしているのかどうかである。

＊ラフマにおける愛の働き

イスラームの信仰とは、アッラーを愛することに尽きるといわれることは、広く知られている。またアッラーと人は相思相愛であるという、次のクルアーンの節を確認しよう。

「あなた方がもし**アッラー**を敬愛するなら、わたし（預言者ムハンマド）に従いなさい。そうすれば**アッラー**はあなた方を愛され、あなた方の罪を赦されるでしょう。**アッラー**はよく赦すお方で、慈悲深いお方なのです。」（イムラーン家章三：三一）

人間を救うために預言者を派遣されたという一事をとってみても、それは「情け」や「あわれみ」を動機としてアッラーが配慮されたという理解よりは、それは何よりも人間を愛されるからであると理解する方が、自然である。人間はそれほど「あわれむべき」存在として創造されたのではなかったのではないか。人間を試すために創造されたのであり、愛されるがゆえに、救済の手を差し伸べられるという関係である。

人間は「あわれむべき」被造物として、頭を垂れて、うなだれた姿勢をするために創造されたのだろうか。そうではなく、人は過ちをしてもなお愛されるものとして創造されたのではないか。そう理解する方が、心温まり積極的になれる。この感覚は著者一人ではなく、これを読まれる方々に広く共有されると予想する。

クルアーンではラフマの教えが中心的であることを反映して、その様々な活用形も含めれば三四二回登場してくる。毎日五回の礼拝では、三四回は繰り返していることになる。それほど中核をなしている。他方、人は主に対して敬愛する立場にある。アッラーに向けられた純粋性から、さらには「フッラ」という特殊用語も編み出された。それはアッラーを専一に愛するのだから、「専愛」とでも呼んでいいのだろう。こうして双方の「愛」を中軸に回っているということになる。

＊「慈愛」としてはどうか

ラフマの訳語として「慈悲」ではなく、「慈愛」としてはどうだろうか。信者はアッラーを敬愛して、アッラーは人を慈愛されるのである。もちろん慈愛には、ラフマの重要な側面として、慈《いつく》しむという一字も残るので心配ない。

礼拝所へ入るときの祈願の言葉は、「主よ、どうか私にラフマの扉を開けてください。」である。こう言うとき、それは「あわれみ」の扉なのか、あるいは「愛」の扉なのか？　これも毎日繰り返される言葉である。その繰り返しにおいて、ラフマの理解について、もっと温かみと積極性を取り戻すこととなれば、この論考は報われたこととなる。

付論（二）　イスラームにおける精神的ケア

大災害や感染症などの惨状が絶えない。時代の流れとして、心のケアが叫ばれている。イスラームではこの方面において、どのような取り組みがなされるのであろうか。ケア対策の実践は、幾多の現場検証も必要となるが、ここでは伝統的な教本上の扱い振りをまとめておきたい。その手始めに、希望の持ち方に関して概観する。その後から、対置される失望や悲しさについて言及する。それらの負の側面に関しても信者の心から追い払うために、クルアーンにはいくつか特別の文言も用意されている。なぜならば、それらは忘恩の営みであり、したがって不信の心を抱かせるからである、と結論づけられている。[58]

なお癒しの一番の根幹は、生活上の確固とした信条と明瞭な目標であるが、それらは結局善行三昧（イフサーン）の達成と楽園への許しという信仰の道のりであり、それは本書第二部で論述してきた内容に帰着することとなる。またその姿は具体的には、クルアーンや預言者伝承を耽読し、精勤に礼拝他の儀礼を果たすことに尽きることを再確認しておきたい。

（二）希望と祈り

人は現状以外の姿を描き、その実現を願う能力が与えられている。それが希望である。だから希望は本質的には現実との矛盾であるはずだが、多くの場合は新たな生産に向かう次の力の源泉として機能する。その原因としては、恐らく人が生きるということは、究極的には自分一人でもよいから生き続けたいという生存本能にも帰着することに関係するのであろう。そして希望があれば、その実現に向けて尽力するとともに、祈ることとなる。つまり人の生存は希望を持ち、祈りを上げることと一体であるということでもある。

他方から見れば、祈りは信仰とともにある。そして祈ることは、ある事柄が実現するようにアッラーにお願いするのだが、それが叶うかどうかはアッラーのご差配次第だという了解である。だから実現しなくても失望はない。むしろ直ちに実現しない方が良いという何らかの理由があるのだろうが、自分がそれを知らないか理解していないだけだと察知するのである。あるいは、希望通りには実現しなくても、それ以外にいろいろ実現している御恵みに感謝することに忙しいかのいずれかである。

失望しないだけに、そこには常に希望の窓が開け放たれているとも表現できる。いつもイスラームは信者に希望の燈明を灯し続けてきたともいえよう。「希望の広大さがなければ、どれほど人生は狭隘になっていたことか」という対語表現は、アラビア語の格言になっている。いつの日か願い事が実現して欲しいが、そのためにはまたまたアッラーにお願いできるということになる。それはイタチごっこであっても構わない。よく言われることだが、たくさんアッラーにお願いすることは、アッラーを頼る行為であるので、よき信者の行いの一つでもある。

以上のような思考回路が、イスラームが信者に提供するものである。希望は果てしないが、その効果もまた果てしないものがある。いくらでも願いを聞いてもらえる相手が、いつもすぐそこに一緒に居ていただけるという安堵感である。それはまた自分を決して見逃さない、監視役でもある。

日本でしきりに報じられるうつ病のような問題は、イスラーム社会では一般には見られない。またそのような症状をもたらすと思われる思考回路からは、ムスリムは縁遠いものがあるといえよう。スポーツ選手でもいざという時の瞬間には、絶対主にお願いがしてあって、勝つか負けるかとは別に自分は見守られ、最善の差配があると真に信じられるところから安堵感と勇気が湧いてくるという。そのほかいろいろ具体例が見て取れるであろう。

病気になってもその治癒をお願いできる。ただしアッラーは人の生死自体を左右される御方でもある。

「また病気になれば、**かれ**は私を癒してくださいます。わたしを死なせ、それから生き返らせ

られる御方です。」（詩人たち章二六：八〇、八一）

人は過ちを犯しがちであるが、それも赦されることとなる。

「則を越えて、自らを害した**わたし**の僕に言いなさい。それでも**アッラー**の慈悲に対して、絶望してはならない。**アッラー**は、確かにすべての罪を赦されます。**かれ**はよく赦すお方、慈悲深いお方なのです。」（集団章三九：五三）

高齢を迎えても、永劫の楽園に入るという生きがいが与えられている。

「慈悲深い御方が、**かれ**の僕たちに、目には見えませんが約束した永遠の楽園に。確かに**かれ**の約束は、完遂されます。かれらは、そこで無駄話を聞かず、平安あれ（という言葉）だけがあります。そこでかれらには朝な夕なに、自分たちの糧があります。」（マルヤム章一九：六一、六二）

一般にムスリムの生活は、明朗で楽観的で健全なものとなるのが通例である。もちろん恵まれない人たちもたくさんいるが、その誰をとってもその心にはそれぞれにガス抜き口と吹き抜け窓が用意されているようなものである。不満や苦境が変に蓄積されない安全弁が準備されている。

それだけに我慢が効かなくなった時の不満爆発は、逆に深刻化する。これが一連の先般のアラブ革命の軌跡でもあった。そうなると不正者に対する義憤は、不信者に対するそれと化し、それこそ天地を逆転するまでとことん戦うこととなる。そのための犠牲は、殉教死ということになる。

（二）「悲しむなかれ」

ア．悲しさは不信の種を撒くこと

悲しさや失望には警告が発せられる。それは不信仰の道を開くからであるとされる。これらは互いに鶏と卵の関係であるともされる。

「もし**われら**が、人間に**われら**からの慈悲を与え、その後それ（慈悲）を**かれ**から取り上げれば、絶望して不信心になるのです。」（フード章一一：九）

「**アッラー**の慈悲に絶望してはいけません。非信者の他は、**アッラー**の慈悲に絶望しません。」（ユースフ章一二：八七）

「かれ（イブラーヒーム）は言いました。迷い去った人の他、誰がかれの主の慈悲に絶望するでしょうか。」（アル・ヒジュル章一五：五六）

これほど明確に示され諭されても、人間こそは迷える存在である。

「**われら**がある人に恩恵を授けると、かれは身を反って（威張って）、そっぽを向くが、災厄が襲えば、彼は絶望してしまうのです。」（夜の旅章一七：八三）「人間は善（幸福）を祈って、疲れることを知りません。だが悪（不幸）に見舞われると、落胆し絶望するのです。」（解説された章四一：四九）

このようにクルアーンでは悲しさについて多くの言及がある。それは、希望や失望とは比較にならないほどである。因みに回数だけで見ると、希望は二回、失望は一三回、そして悲しさは、多数の活用形や派生形を含めて、四二回に上っている。

イ．アラブのベスト・セラー『悲しむなかれ』

『悲しむなかれ』と題された現代風の一冊の本がある。それはこの一〇年ほどの間に、二五刷の増刷を経て三〇〇万冊以上[59]が出回り、すっかり定着したイスラーム世界のベスト・セラーになっている。それをここで紹介することは、『悲しむなかれ』というテーマをめぐる世相を伝える格好の方法かもしれない。

ベスト・セラーとなっている理由は、この主題が需要の多いものであることの他に、全四五六頁という大部なものであるにかかわらず読者が読みやすいように徹底した編集がなされていることにある。様々な教え、人生経験、逸話、事例、詩文、伝説などの短い引用や解説で構成されている。

他方、目次、索引、参考文献、出典を示す脚注などは一切省かれていて、本文を直接に初めから少しずつ読み進めるように読者を誘っているのである。時にはほとんど繰り返しになっているのも、意に介していない。このような著述の方法は現代のアラビア語文献では全く類例を見ないものである。またそのような風変わりなスタイルとしたことに関しては、わざわざ序言でも読者に対して断りを入れているくらいである。

ところで同書の内容は全て小見出し方式になっている。それらを見ると当然ほぼ全内容が判明するが、次のような項目が散見される。その様子は完全に、「千夜一夜物語」のような、めくるめく続く読み切りものの長い連鎖である。

「信仰と幸福」、「人の批判に直面して」、「人の感謝を待つな」、「レモンの汁から甘い飲料を作ること」、「怒りを抑えること」、「蓄財の享楽について」、「自殺について」、「人に好かれること」、「存在を直視すること」、「悲しさはムスリムに求められていないこと」、「微笑むこと」、「痛みの恵」、「恵みの多いこと」、「アッラーが選ばれたものをあなたが選ぶこと」、「人の行いを監視しないこと」、「人への善行」、「孤独の誇り」、「瑣末なことは気にするな、この世はすべてが瑣末である」、「自分を失うな」、「人生の短かさ」、「死の痛みで微笑むこと」、「喜捨は心の広さ」、「有名さを求めるな」、「恵みの遅さを悲しむな」、「容易さは敵であること」、「この世がすべてでないこと」、「人生はすべて疲れることばかり」、「信仰ある者は心が導かれる」、「思いも及ばないかたちでアラーは糧を与えられること」、「それより良いものでアッラーは補填されること」、「美言の税金」、「楽園の快適さ」、「幸福になる格言約六〇〇ヶ条」などが出てくる。随所で純な信仰心と礼拝の重要性が繰り返し取り上げられていることは、特に目に付く点である。

以上の内容はイスラームの精神世界を提示する本書を通読してきた読者諸氏には、ほぼすべて予想されると共に各項目の連関も大きな間違いなく理解されるところであろうかと期待する。基軸は真実を目指す信仰心であり、大きな運命に従順な生活態度が説かれているということになる。

一例として、「思いも及ばないかたちでアッラーは糧を与えられること」を訳出しておこう。(60)

「マッカ住まいのある男の財布が空になってしまい、空腹をこらえていた。街をうろついているると貴重な高価な首飾りを見つけた。それを持って(拾い物は不法(ハラーム)で所有不可)カアバ聖殿のところへ行った。そこに居た別の男がその首飾りを賞賛し何か支払うといったが、それを(アッラーに寄託)渡すこととした。しかし何も払わないでその別の男は、首飾りを持っていってしまった。やれやれ、仕方ないと言いながら、何か別のもので補填して欲しいものだと言いながらその男は海の方へ行った。

船に乗ったところ荒波を起こす風が吹いて船は沈んだので、その男は材木につかまり波が左右に揺れるに身を任せることとなった。しばらくすると男は島に流れ着いたが、そこには礼拝所があり人々は礼拝していたので、それに参列した。またクルアーンを見つけたのでそれを読んだら、島の人々はすごいと言って島の子供たちに教えてくれというので、謝礼をもらってそうすることとした。さらには書道も教えた。島には既に父親の亡くなった女性がいた。その女性と結婚しないかと人々に言われたので、その男は結婚することとした。

ところがその女性と初夜も済ませると、その首には例の首飾りがあるのを発見した。そこで詰問すると、その女性の父親がある日マッカでなくしたが、それを見つけた男が返してくれたということだった。またその父親は祈りを上げて、娘に夫が授かるように祈願していたということだった。そこでその男はその夫というのが自分なのだ、と思った。ということは、その首飾りは拾得物ではなく所有を許されるもの（ハラール）となったのであった。その男は首飾りをアッラーに寄託したので、アッラーはそれより良いもので補填された、という次第であった。

『アッラーは善良であられ、本当に良いものしか受け付けられないのである。』

改めて見直すとこの話には、種々諭すための諸点が仕組まれていることに気付かされる。まず主人公の男は信仰に誠実であること（拾得物をカアバ聖殿に持参、礼拝に参加しクルアーン読唱に熱心、支払いが当面なくてもさほどの怨みや悔やむ気持ちを持たなかったことなど）、あるいは運命に非常に従順であること（難破した先の島に住み着く、勧められるままにクルアーン読唱や書道を教え、結婚も受け入れたことなど）が顕著である。その結果として、アッラーの補填の糧を手に入れることとなったという顛末である。その過程では生じうるような悲しさは、難なくすり抜けていっていることにも留意しておきたい。

この書籍の方針としてこの話の出典などは一切上げられていない。しかしこの種の話は内容が重要であり、出典に気を取られている暇はないはずである。それはとにかく説話の類いの典型と見られる。何とも冗長な話だが、このような調子でなんなんと大阪印刷で四五〇頁にわたって様々なトピックに従っていろいろの説話が続けられ、それがベスト・セラーになっているのである。

ウ．アラブの古典『道徳の修練』に見られる教え

今もう一冊別の書籍を取り上げたい。それは道徳論では古典とされるミスカワイヒの『道徳の修練』である。そこでは一章を当てて、「悲しさの治癒」の題目の下で論じられている。[61]

その章のポイントは、悲しさは人が持ち込むものであり、それはことの必然ではない、得られずに失ったが故に悲しむのは、それらをもともと他の人に分け与える慈恵の気持ちが欠けていたからであり、また失った悲しさの正体はそれを持っている人に対する妬み心に過ぎないとしている。そこで嫉妬心の恐ろしさを今一度噛み締める必要もあるという。

さらに続けてミスカワイヒは次のように書いている。ソクラテスはどうして活発な言動が見られるのに、あまり悲しそうな様子は見られないのかと尋ねられて答えた、それは失うと悲しくなるようなものは取得していないからだと。

御恵みに絶望するとどうして不信心になるのかは、最早読者諸氏にも明確かと思われる。それは御恵みの大きさを理解せず、まだまだ尽きることはないという事情や、それ以外にも溢れんばかりであるという全貌を失念することとなっているからである。つまりアッラーの絶大さを忘れ、それが不信の種を撒いているということになるからだ。

そこでこれ以上の詮索は不要であり、有害である。疑念を持たずに、頂いている御恵みに感謝をすることから人としての務めが始まるということが飲み込めれば、そこで終止符を打つこととなる。そしてそうすること自体が今度は、悲しさを克服する修練にもなっているというわけである。

これら全ては何も頭で考えてそうなるといった類の話ではなく、日々の生活に支えられた厳然たる人間の生命の営みそのものでもあるのだ。大震災を眼前にして、信仰の役割が議論され試されたこともあったが、著者の捉え方としてはやはり大きな修正は迫られていないと思われる。

本叢書の刊行に当たっては、一般社団法人日本宗教信仰復興会議から出版助成を得ました。

水谷　周（みずたに　まこと）

京都大学文学部卒、博士号取得（イスラーム思想史、ユタ大学)、(社）日本宗教信仰復興会議代表理事、日本ムスリム協会理事、現代イスラーム研究センター理事、日本アラビア語教育学会理事、国際宗教研究所顧問など。日本における宗教的覚醒とイスラームの深みと広さの啓発に努める。『イスラーム信仰叢書』全10巻、総編集・著作、国書刊行会、2010 ～ 12年、『イスラーム信仰概論』明石書店、2016年、『イスラームの善と悪』平凡社新書、2012年、『イスラーム信仰とその基礎概念』晃洋書房、2015年、『イスラームの精神生活』日本サウディアラビア協会、2013年、『イスラーム信仰とアッラー』知泉書館、2010年、『クルアーン―やさしい和訳』監訳著、訳補完杉本恭一郎、国書刊行会、2019年、『黄金期イスラームの徒然草』国書刊行会、2019年、『現代イスラームの徒然草』国書刊行会、2020年など。

絶対主《ぜったいしゅ》の覚知《かくち》と誓約《せいやく》　イスラームのこころと日本《にほん》

ISBN978-4-336-07214-6

令和3年7月5日　　初版第一刷刊行

著　者　水谷　周

発行者　佐藤今朝夫

発行所　株式会社　国書刊行会

〒174-0056　東京都板橋区志村1-13-15

電話 03-5970-7421　FAX 03-5970-7427

e-mail: info@kokusho.co.jp　URL: https://www.kokusho.co.jp

落丁本・乱丁本はお取替え致します。　印刷 ㈱エーヴィスシステムズ　製本 ㈱ブックアート

第 4 巻　現代日本の在家仏教運動の革新

島薗進著

20 世紀の日本で法華＝日蓮系の在家仏教運動が、大きく勢力を伸ばした理由について考える。霊友会系の諸教団と創価学会が典型的だが、現世救済思想という点にその特徴があるが、その仏教の救済思想上の革新について考察する。

ISBN9784-336-07213-9

第 5 巻　絶対主の覚知と誓約―イスラームのこころと日本

水谷周著

日本の宗教信仰復興に、イスラームは貢献できるのか。第一部では生きがいや死生観を論じる。第二部では「イスラームのこころ」の中核として、絶対主の覚知と誓約を平易に解説する。それは安寧の心境である。

ISBN9784-336-07214-6

第 6 巻　被る人々―ラルシュとジャン・バニエ

寺戸淳子著

知的な障害がある人とボランティアの若者が共に生活する〈ラルシュ〉共同体に、現代社会から排除されている「「被る」経験（生命、暴力、「友愛」を）」の「共に向きあう場」としての意義を論じる。

ISBN9784-336-07215-3

第 7 巻　現代日本の宗教信仰とスピリチュアリティ

鎌田東二編

21 世紀になって、気候変動による自然災害の多発とも連動するかのように、宗教が関わる事件や紛争も多発している。世界は激烈な「経済戦争」や「資源争奪」の争いの中にあり、さまざまなレベルでの格差や差別も生み出されている。本巻では、そうした現代社会の諸問題を見すえながら、現代日本の宗教信仰とスピリチュアリティを探っていく。多様な執筆陣と関係者の座談会など。

ISBN9784-336-07216-0

一般社団法人 日本宗教信仰復興会議　監修

宗教信仰復興叢書

全7巻 **島薗進** 編　各巻予価 3080円〜3850円

第1巻　宗教信仰復興と現代社会

島薗進編

世俗的合理主義がますます勢いを強めているように見えるが、超越性や規範性を失ったかに見える精神状況への不満も大きい。こうしたなかで宗教信仰復興への動きはどのような形で見出されるのか。主に日本を念頭に考えていく。本叢書の提起する諸課題を巡る基本的な論考集、一般社団法人 日本宗教信仰復興会議理事の座談会などを収録。　ISBN9784-336-07210-8

第2巻　生きる力とスピリチュアリティ

弓山達也著

東日本大震災の学生ボランティアや後方支援の地域住民の活動を主軸に、市井の人々の「生きる意味」の探求、「生きる力」の涵養を「スピリチュアリティ」ととらえ、その姿を筆者自らが現場に身を投じて追っていく。また危機と宗教性を巡り、被災者や障害児のママさんたちの地域活動、大学生の被災地でのボランティア活動など、「生きる力」、「生きる意味」、「いのち」とは何かを問う。　ISBN9784-336-07211-5

第3巻　霊的暴力と宗教の力動—オウム真理教事件と文学的想像力

鎌田東二著

宗教的暴力の根幹にある体験や修行の負の局面を考察し、それがナショナリズムや国家的暴力と結びつくとどういうことが起るのか？　それに向き合う個の文学的想像力と未来への希望を具体的な作家と作品分析を通して考えていく。　ISBN9784-336-07212-2